민원인 설재상 님께서 손수 만들어 보내주신 장식품

초대 말씀

신월2동 강서초등학교 사거리는
주민들 사이에선 '팔도강산 사거리' 라고 불립니다.
거창한 의미가 아닙니다.
지금은 없지만, 예전에 이곳에 있었던
'팔도강산' 이라는 카바레 때문에 붙여진 이름입니다.
예나 지금이나 팔도강산 사거리는 양천을 지역의 중심입니다.

지금 이곳에는 술과 음악 대신
다급하고 억울한 사연들이 넘쳐납니다.
춤꾼 술꾼 대신 다양한 삶의 무게를 진 민원인들이 찾아듭니다.

매달 둘째 · 넷째 토요일
팔도강산 사거리 농협3층 국회의원 김용태 사무소에서는
'양천구민 민원의 날'이 개최됩니다.
국회의원, 구의원, 국회 및 지역사무소 직원, 자원봉사자들이
아침 9시부터 저녁 7시까지 민원인들의 사연을 상담합니다.

하루 종일 민원인들의 울음과 고함으로
사무소는 북새통이 됩니다.
국회의원, 구의원, 직원, 자원봉사자들은
민원인을 달래고 진정시켜 사연 듣느라 정신이 없습니다.

민원 접수 후 모든 사람이 모여
민원을 분류하고 솔루션을 찾기 위한 전략을 짜고
각자 역할을 분담한 후 백방으로 뛰기 시작합니다.
며칠 만에 해결되는 일도 있고
몇 달을 해도 안 풀리는 일도 있습니다.

그 결과가 나오면 한 건도 빠짐없이
민원인에게 소상히 알기 쉽게 알려드립니다.
고맙다고 떡을 해 오는 분도 계시고
국회의원 쇼에 시간 낭비했다고 욕하시는 분도 있습니다.

'양천구민 민원의 날'은
국회의원 김용태가 정치를 그만두는 그날까지
쉼 없이 계속될 것입니다.
민원으로부터 현장으로부터
정치하는 사람이 도망갈 곳은
세상천지 그 어디에도 없기 때문입니다.

힘겹고 치열하지만 때론 행복한,
사람 사는 이야기가 이곳에 다 있습니다.
팔도강산 사거리로 당신을 초청합니다.

· 김용태 올림 ·

김용태 리포트 2

팔도강산 사거리

김용태 리포트 2

팔도강산 사거리

김용태 지음

THE NATIONAL ASSEMBLY OF THE REPUBLIC O
대한민국 국회
대한민국 국회
제
4
차
민
원
의
날
제
5
차
민
원
의
날
제
6
차
민
원
의
날
제
7
차
민
원
의
날
제
8
차
민
원
의
날
제
10
차
민
원
의
날
16-2

제1장

자식 덕,
자식 걱정

어려운 환경에서도 내 새끼 잘 키우려 안간힘 쓰시는
우리 시대의 모든 부모님들께
이 장을 바칩니다.

하이고, 우째 애를 그리 많이 낳으셨어요?

 **다둥이 엄마의 복합 민원 해결**

 **2011년 4월 9일 제17차 민원의 날.** 정영숙(가명) 씨가 찾아왔다.

민원신청서를 보니 주소지가 신정1동이다. 그러니까 우리 양천을 지역구 주민은 아니다. 민원의 날이 거듭되면서 다른 지역에 사는 사람들도 곧잘 찾아온다. 더러 지방에서 알음알음 찾아오는 사람도 있는 터라 정영숙 씨 방문이 새삼스러울 것은 없었다.

찾아온 연유를 물으니, 다둥이 지원 프로그램에 대해 알고 싶다는 것이다.

"예? 다둥이라면 아이가 몇이나 되세요?"

"여섯이에요. 그리고 지금 임신 6개월째고요."

외양으로 보아서는 도저히 아이 여섯의 어머니요 임산부라 생각할 수 없었다.

"하이고, 우째 애를 그리 많이 낳으셨어요? 여쭤보기 뭐하지만 종교적인 문제가 있으신가요? 아니면 다른 특별한 이유가?"

"뭐 특별한 이유가 있는 건 아니구요, 그냥 애가 좋아서요."

"애들 나이가 어떻게 되세요?"

"예, 큰애가 열한 살이고, 그다음부터 여덟 살, 일곱 살, 여섯 살, 다섯 살, 네 살이에요."

말문이 딱 막혔다. 겉보기에 호리호리하고 멋쟁이 스타일로 생긴 여성 입에서 나온 얘기인지라 달리 할 말이 없었다. 민원의 날에 찾아온 걸 보면 집안 형편이 썩 좋지는 않을 텐데, 그 많은 애들을 어찌 키우나 싶었다.

아닌 게 아니라 남편이 인테리어 사업을 하는데 요즘 경기가 좋지 않아 일거리가 많지 않다는 것이었다. 막막하던 차에 평소 알고 지내던 조선족 출신 아주머니(전에 민원의 날에 오셔서 도움을 받았던 분)가 이 행사를 얘기하기에 속는 셈 치고 방문했단다.

무엇부터 할 것인가 머릿속이 복잡해졌다. 구의원, 직원들 대책회의를 통해 역할 분담을 했다. 구청을 통해 양천구의 다둥이 지원 프로그램을 알아보는 한편 남편에게 일감을 줄 수 있는 방안을 찾기로 했다. 또 열한 살짜리 큰애에게는 저소득층에 무료 수강을 해주는 학원을 알아봐주기로 했다.

구청에서 답이 왔다. 세 자녀 이상 둔 가정에 72개월간 매월 10만 원씩 지급하는 프로그램이 있다는 사실을 확인했다. 즉각 아주머니가 신청할 수 있도록 도왔다. 그러나 남편의 일감 문제는 간단치 않았다. 직원 아이디어 회의 결과, 한국공항공사에 매달리기로 했다.

우리 양천을 지역의 최대 현안은 항공기 소음 피해다. 그러다 보니 우리 지역과 항공공항공사와는 그야말로 애증의 관계였다. 한국공항공사에서는 소음 피해 지역에 주민 방음창 사업을 시행한다. 새로 지은 집 말고 낡은 집은 방음 시설이 제대로 되어 있지 않다. 이런 집을 대상으로 이중 방음창으로 교체해주는 것이다. 이 방음창 사업에 다둥이 아빠를 끼워 달라고 부탁(사실은 강요)을 했다. 보좌관 한 명이 필사적으로 매달려서 약간의 일감을 얻어낼 수 있었다.

내가 국회 정무위원회 소속이란 점에 착안해 또 하나의 아이디어를 냈다. 사회적으로 저출산 문제가 대두되다 보니 많은 금융회사들이 사회 공헌 차원에서 저출산 대응 홍보 프로그램을 운영했다. 시중 은행 한 곳과 접촉에 성공했다. 회사 홍보 차원에서 큰돈은 아니지만 지원하겠다고 나섰다.

하지만 이런 것들이 근본적인 문제 해결책은 아니었다. 남편한테 준 일감은 비정기적인 것이었고 은행에서 지원을 받는 것도 일시적이며, 아이 학원도 살림에 큰 도움이 될 것 같지 않았다.

그래서 고심 끝에 찾은 해결책이 바로 '기초생활수급자' 제도를 활용하는 것이었다. 남편 소득이 제대로 없는 상황이라면, 부양 가족이 많기에 기초생활수급자 요건이 충족될 것 같았다. 곧바로 구의원들이 뛰어들어 정지 작업에 나섰다. 그 결과 남편의 월급이 없다고 가정했을 경우, 매달 250만 원까지 지원해줄 수 있었다(남편 수입이 생기면 기초수급비는 그만큼씩 깎여 나간다).

곧바로 애 엄마에게 연락하여 필요한 서류들을 준비하도록 했다. 그런데 난데없이 황당한 얘기를 하는 게 아닌가. 기초생활수급자 조건을 충족시키려면, 직계 가족 중에 도움 받을 수 있는 사람이 있어서는 안 된다. 시부모님이 계시긴 하지만, 재산이 없어 별 문제가 되지 않을 터인데 이를 입증할 서류를 떼어 올 수 없다는 것이 아닌가. 외환위기 때, 춘천 사시는 시부모를 떠나 10년째 찾아뵙지 못했단다. 성공한 모습은커녕 초라한 모습으로 이런 서류를 받으러 갈 면목이 없다는 것이다. 갑자기 울화가 치밀었다.

"새끼들 굶길 작정이에요? 지금 체면이 무슨 상관이에요! 찾아뵙고 죽을죄를 지었다고 빌어서라도 그걸 떼 와야지, 무슨 배부른 소리 하고 있어요? 도저히 혼자 못 가겠으면 나하고 같이 가세요! 내가 가서 설명을 드릴 테니."

아무리 설득하고 윽박질러도 소용없었다. 어느 정도라도 자리를 잡고 이번 추석에 찾아뵐 테니 그때까지만 기다려 달라고 통사정을 했다. 이렇게까지 하는데 어쩌겠는가.

이제 지원 프로그램의 틀은 대강 짜였다. 은행 측에서 나온 분, 신정1동 관할 김동호 신월복지관장, 구청과 정지 작업을 했던 구의원과 함께 아이들 집으로 찾아갔다.

집에 들어서는 순간, 또 말문이 콱 막혔다. 14평짜리 집이었다. 단지집이라 해서 예전 철거민 정착촌 건설 때 지은 27평 다세대 빌라를 반으로 쪼개 세를 내준 집이었다. 아이고, 이 좁은 데서 어떻게 애를 키우나.

다둥이가족 6남매와 함께 ◥

그러나 걱정은 곧 안도감으로 바뀌었다. 손님이 오신다고 치우기는 치웠겠지만 어린애 여섯을 키우는 곳이라 믿기지 않을 정도로 집안이 정갈하게 정돈되어 있었다. 애들 여섯이 쪼르르 무릎을 꿇은 채로 어른들 말씀하시는 것을 꼼짝 않고 듣고 있었다. 큰 녀석에게 엄마 뱃속에 있는 일곱째 동생이 보고 싶으냐고 물었다. 자기를 비롯하여 동생들 모두 뱃속의 동생이 태어나길 간절히 기다리고 있다고 또박또박 대답했다.

어른들이 얘기하는 동안 네 살짜리 막내가 열 때문에 칭얼댔다. 그러자 열한 살짜리 큰애가 막내를 안고 달래기 시작했다. 시계가 몇십 년 전으로 돌아간 듯했다. 형, 언니가 동생을 업어 키운다고 하더니 바로 그 모습이었다.

▼ 넉넉한 마음씨의 양천식당 김정회 사장님

같이 갔던 사람들이 추렴하여 아이들에게 용돈 만 원씩을 주었다. 애 엄마한테 9월에는 꼭 시부모를 찾아뵈라고 신신당부했다. 애들이 정말 예쁘고 착하다고, 애들이 당신 최고 재산이라고 하며 문을 나섰다.

얼마 후, 우리 동네 양천식당의 김정회 사장을 뵐 기회가 생겼다. 많이 배우지는 못했지만 열심히 일해 큰돈을 번 분이다. 애들 사정을 얘기했더니 그 집에 쌀은 안 떨어지게 도와주겠다고 나섰다. 식당에 아이들을 초대해 삼계탕도 근사하게 먹었다.

열한 살짜리 큰애가 4급 한자능력검정시험을 본다는 소식을 들었다. 합격해서 나를 찾아오겠다고 했단다. 일주일 후 합격했다는 전화가 왔다. 얼마나 뿌듯하던지. 다음 민원의 날에 엄마와 함께 찾아오겠단다.

 아무리 힘들어도 악을 쓰고 민원의 날을 해야겠다는 생각이 들었
다. 큰 것은 아니지만 열한 살짜리 아이에게 한자시험을 통과해야겠
다는 동기를 부여한 게 아닌가 싶어서다.

신월동의 별, 개천에서 용 나기

 저소득층 가정의 우수 학생 장학 지원

 2011년 1월 8일 제11차 민원의 날. 한 아버지가 찾아오셨다.

몸이 아파 다니던 직장을 그만두셨다고 한다. 한눈에 보기에도 건강이 좋아 보이지 않았다. 지금은 양천자활센터에서 자활근로 일거리를 받아 근근이 살고 계시단다. 사실 민원의 날에 일자리 부탁하러 오시는 분들을 간혹 양천자활센터로 연결해드렸던 터라 갑자기 막막해졌다.

"솔직히 일자리 부탁 때문에 오셨다면 우리도 그곳을 소개하려 했는데 어쩌죠?"

"내 일자리가 중요한 게 아니고요. 세상 살아가면서 무엇이 중요한지……."

민원의 날을 하다 보면 이런 분들 대하기가 정말 어렵다. 빨리 용건을 말해야지 세상 돌아가는 얘기를 하자면 다른 민원인들은 어쩌란 말인가. 지금이야 기술(?)이 많이 늘었지만 민원의 날을 시행하던 초기에는 이런 분들 얘기를 한없이 들어주다 낭패를 본 적이 한두 번이 아니었다.

"선생님, 빨리 용건을 말씀하셔야지. 밖에 사람들이 기다리잖아요."

어르신은 우물쭈물하다 아들 얘기를 꺼냈다. 서울국제고등학교에 다니고 있단다. 민사고와 더불어 낙양지가(洛陽紙價)를 올리는 신흥 명문고다. 아들 진구(가명)는 양천중학교를 나와 제대로 학원 한 번 다니지 못하고 순전히 오기와 악으로 이 학교에 입학했다고 한다.

처음에는 잘 따라가더니 요즘은 성적이 하향세란다. 전교생이 기숙사 생활을 하고 있지만, 수업 이외 시간에 대부분 학원을 다니고 과외를 받는다는 것이다. 솔직히 나는 잘 이해가 안 갔다. 이 정도 실력의 아이들이면 무슨 학원이며 과외인가. 최고 학교이니 선생님들 실력 또한 대단할 텐데 말이다.

얘기인즉, 애비가 못나 뭐 하나 제대로 해주지 못했는데 아들이 공부 잘하고 잘사는 애들 틈에 끼여 어려워하는 모습을 보니 가슴이 아프다는 것이었다.

진구 담임 선생님께 전화를 드렸다. 진구가 사는 동네 국회의원이라고 하니 선생님은 처음엔 무슨 장난전화인가 싶어 퉁명스럽게 대했다. 아버지가 찾아온 사연을 말씀드린 연후에야 진구의 요즘 사정을 소상히 들을 수 있었다. 경쟁이 치열하다 보니 가정 형편에 따라

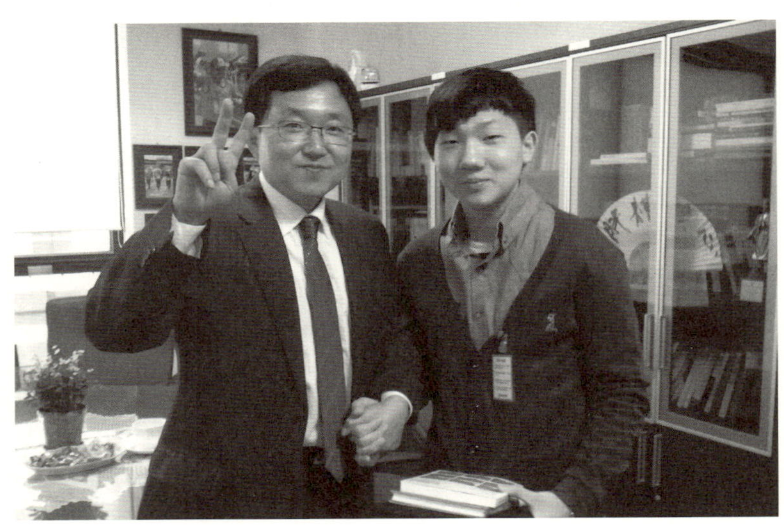

▼ 장학금 전달식 날. 진구 손을 꼭 잡고

맞춤형 학원이나 고액 과외반에 다니는 학생이 다반사란다. 진구가 열심히 하고는 있지만 성적이 오르지 않아 힘들어한다고 했다.

오죽 힘들었을까. 신월동에서야 그야말로 최고였지만, 호랑이 없는 골에 여우가 왕이었다고 현실은 녹록지 않았던 것이다.

지금 진구에게 가장 필요한 게 뭘까 곰곰이 생각해봤다. 다른 애들처럼 고액 과외하라고 돈을 줄 수도 없고…….

국회의원이 되고 나서 진수희 의원과 함께 '기부 문화 활성화를 위한 법률 개정안'을 낸 적이 있었다. 그때 알게 된 장학재단에 연락을 했다. 진구의 사정을 얘기하니, 집안 형편과 학생의 성적을 감안할 때 큰돈은 아니지만 소정의 장학금을 줄 수 있을 것이라는 답변을 들었다.

　장학금을 전달하는 날, 진구 부자를 국회로 초청했다. '범생이' 로 생각했건만 진구는 그 나이 또래의 활달한 청소년이었다. 국제통상 전문가나 변호사가 되는 것이 꿈이란다.

　"이 악물고 공부해라. 네가 못할 게 무엇이며, 무엇이 못 되겠냐? 네가 바로 신월동의 별이다."

　진구 아버지는 시간 날 때마다 지역 사무소에 들르신다. 그러지 말라는데도 꼭 음료수를 사 갖고 오신다. 진구가 많이 밝아졌다고, 친구들에게 주눅들지 않고 자신감을 회복했다며 아들의 근황을 전하신다.

　이제 대한민국에서 개천에서 용 나던 시절은 끝났다고들 한다. 신월동의 별 진구가 그게 그리 간단하게 끝날 수는 없음을 보여주길 바란다.

 대학 학자금 대출 상담 및 진로 지원

 2011년 1월 22일, 제12차 민원의 날. 김혜옥(가명) 씨가 방문하셨다.

민원 신청서에 기재된 것으로 보아 쉰 살이 채 되지 않은 분이셨다. 그런데 세 번 결혼에 세 번 다 사별을 하셨다고 한다. 얘기를 듣고 보니 얼굴에 세월의 풍파가 드리워져 있는 듯했다. 국회의원하면 반 관상쟁이가 된다고 하던가, 민원의 날을 하면서 하도 많은 사람을 만나다 보니 얼굴만 보고도 대충 그 사람의 세월을 짐작할 수 있다.

아들이 둘 있는데, 큰아들은 군대 갔다 와서 겨우 제 앞가림할 형편이고, 둘째가 대학을 가고 싶어하는데 자기 형편에 도저히 보낼 수 없어 무슨 방법이 없을까 해서 찾아왔다는 것이다. 첫애를 대학에 못 보내 늘 마음에 걸렸는데, 둘째라도 어떻게든 대학에 보낼 수 있으면 좋겠다는 것이다.

"아주머니, 뭐 해서 먹고사셔요? 집은 어디구요?

"식당에서 하루 종일 일합니다. 11시간 넘게 일해 130~150만 원 정도 벌어요. 집은 반지하 사글세 살지요."

"애는 공부 잘합니까? 대학은 어디 간대요?"

"몰라요. 지방에 있는 어디 간다는데……."

이 친구가 가려는 대학이 어떤 데인지 인터넷에서 검색해 보았다. 솔직히 수능시험은 중요치 않고 등록금만 내면 입학할 수 있는 대학이었다. 특정 대학을 폄하하고자 하는 게 아니다. 그런 대학이 어디 한두 군데인가.

그 친구가 보고 싶었다. 스무 살이면 제 엄마 어찌 살아왔고, 집안 형편이 어떤지 알 나이일 텐데 무슨 생각으로 그 대학에 가려는지 직접 듣고 싶었다. 좋은 얘기할 테니 걱정 말고 아들을 한번 사무실로 보내라고 했다.

아들은 덩치가 산만 한 건장한 청년이었지만 숫기가 전혀 없어 보였다. 얘기하는 내내 나와 눈 한번 제대로 마주치지 못했다.

"너 고등학교 3년 동안, 아니 3학년 때라도 열심히 공부했나?"

"아니오. 열심히 못했어요. 하지만 대학 가서 열심히 공부할 겁니다."

"너 도대체 대학 가서 무슨 공부를 하고 싶은 거냐?"

"지금 딱히 특별한 것은 없고, 대학 나와야 앞으로 취직도 할 거구……."

"이 친구야! 고등학교 내내 공부에 관심 없던 사람이 대학 간다고 갑자기 공부가 되겠어? 고등학교 때야 학교 안 가면 선생님이 찾기

라도 하지, 대학 가면 학교 오라는 사람 공부하라는 사람 아무도 없
어. 게다가 등록금도 내야 하고, 지방 내려가면 자취해야 하지 않겠
니? 그 돈 어떻게 할 거냐? 네 엄마 형편 생각해봐라. 결국 다 빚 내
서 대학 다녀야 할 게다. 졸업할 때쯤이면 너는 몇 천만 원 빚더미 위
에서 인생 출발하는 거야.”

우리 사무실에서 한 달간 아르바이트를 시키기로 작정했다. 어차
피 방학 때 아르바이트 할 생각이었다니까. 게다가 국회와 지역 사
무소는 온갖 사람들이 드나드는 곳이라 세상 물정을 배우는 데 맞춤
이었다. 나나 사무실에 있는 어른들이 이것저것 일 시키면서 좋은
얘기를 해주면 도움이 되지 않을까 생각했다.

한 달 내내 국회와 지역 사무소를 오가게 하면서 일을 시켰다. 처
음에는 아무런 말도 없던 친구가 일을 배워 나가면서 조금씩 얼굴
표정이 바뀌기 시작했다.

비교적 등록금이 싸면서 졸업 후 취업도 용이한 ‘폴리텍 대학’을
권하면서 틈틈이 우리 아버지의 밥상머리 교육을 들려주었다.

“우리 아버지 어머니 다 초등학교밖에 못 나온 사람들이다. 그래도
악착같이 일해서 자식들 밥 먹이고, 옷 입히고, 공부 가르치셨다. 늘
아들 삼형제에게 해주셨던 말이 뭔지 아니? 식전잠(충청도 사투리로
새벽잠)이 없어야 어디 가서 굶지 않는다. 대학이 중요한 게 아니고
부지런히 공부하고 일하면 세상에서 네 몫을 할 수 있다는 거란다.”

약속했던 한 달이 지난 후, 백만 원을 손에 쥐어주면서 이건 네 생
애 첫 번째 월급이니 엄마 속옷을 사드리라고 했다. 그리고 대학 진

학 문제도 잘 생각해보라면서 필요하면 우리 사무실에서 알아봐주겠다고 했다.

다른 일에 치여 그 친구 생각을 까맣게 잊고 있던 어느 날, 사무실 직원에게 그 친구 어떻게 되었는지를 물었다.

"아, 그 친구요. 끝내 원래 가려고 했던 그 대학 갔대요."

그날 나는 저녁 일정을 다 취소하고, 혼자서 통음했다. 뭐 짝사랑했던 사람이 무심하게도 꽃가마 타고 시집가버린 기분이었다. 그래, 이 녀석아. 어딜 가더라도 열심히 해야 한다. 세상에 공짜 점심은 없어. 식전잠이 없어야 어디 가서 굶지 않는다.

"말 잘 못하는 에미 때문에 애들이 불쌍해요"

 다문화 가정 자녀에 대한 교육 지원

 2010년 11월 13일, 제8차 민원의 날. 이미지(가명) 씨가 아이 둘을 데리고 민원의 날을 찾았다.

한국인 남편과 결혼한 조선족 여성이었다. 택시운전을 하는 남편과 함께 아이 셋을 키운다고 했다. 사무실 한편에서 직원들이 아이들에게 사탕이며 초콜릿을 나눠주며 놀고 있을 때, 아주머니는 자신의 한스런 처지를 늘어놓았다.

"생활이 어렵긴 해도 남편이 성실하게 일하니 큰 불만은 없어요. 다만 제가 여전히 한국 문화에 익숙하지 않고 말하는 게 서툴러 큰 아이 공부를 봐줄 수 없어요. 보습학원이라도 보낼 수 있으면 좋겠지만, 우리 살림살이에 어렵죠. 에미 때문에 아이가 바보가 되고 친구들에게 뒤처진다고 생각하니 가슴이 아파요."

나눔장학프로그램을 운영하고 있는 이강규 양천구학원연합회장께 연락을 드렸다. 대학 선배이기도 한 이 회장님은 흔쾌히 큰아이가 무료 수강할 학원을 연결해 주셨다.

다문화 가정을 지원하는 공공기관을 찾아보았다. 그중 한 곳에서 지금 초등학교 2학년인 큰아이가 대학에 진학할 때까지 매달 소정의 장학금을 지원하겠다고 나섰다. 그 기관은 다문화 가정 지원에 중점을 두고 사회공헌 프로그램을 운영하고 있던 터라 그야말로 '아다리'가 제대로 맞았던 것이다.

아이 엄마와 애들을 지역 사무소로 초청했다. 직원들이 맛있는 간식과 예쁜 선물을 준비했다. 폼 나게 사진도 찍었다. 이미지 씨는 간혹 지역 사무소에 들르신다. 한국에 와서 외로웠는데 조금이나마 정 붙일 곳이 생겼다며 즐거워하신다. 이웃사촌이 된 것이다.

지역 사무소로 놀러온 이미지 씨 댁 귀염둥이들과 함께 ◥

이미 '대한민국은 한민족'이라는 신화가 깨졌다. 다문화·다민족 사회로 접어들었다. 아직도 이 문제를 신문 칼럼에나 나오는 딴 나라 얘기처럼 여기는 사람들이 있다. 다문화 가정에 대한 대한민국의 응전에 따라 우리의 운명이 갈릴 것이라는 게 과장일까.

우리 동네 자랑 | **양천나눔장학회**

양천을 지역에 소재하고 있는 신월복지관, 신정복지관, 한빛복지관, 양천자활센터 등 네 곳의 사회복지시설과 (사)양천구학원연합회가 협약을 맺었다. 바로 '나눔 장학프로그램'이다.

양천구는 서울에서도 유명한 학원 단지이다. 양천구가 교육도시로 알려져 있지만, 이는 학군의 경쟁력 이외에 좋은 학원이 몰려 있기 때문이기도 하다. 학원들은 교육 사업을 통해 올린 수입 중 일부분을 사회공헌활동을 통해 지역 사회에 환원하고 있다. 이 활동의 중심에는 이강규 양천구학원연합회장이 있다.

이강규 회장. 개인적으로는 서울대 정치학과 선배이다. 찢어지게 가난한 집안에서 태어나 중학생 때부터 입주과외로 학비와 생활비를 벌었다. 대학에 진학해서는 과외 교습을 통해 집안 식구들을 다 먹여 살렸다. 대학을 졸업하고 본격적으로 학원계에 뛰어들어, 지금은 양천구 내 손가락 안에 드는 학원을 운영하고 있다.

나는 이 회장께 교육 환경이 상대적으로 열악한 양천을 지역 학생

제3기 나눔장학생 오리엔테이션에서
가운데가 양천학원연합회장 · 송현학원장이신 이강규 선배님

을 위한 장학 사업을 제안하였다. 이 회장은 연합회원 학원장들을 설득하여 '나눔장학프로그램'을 출범시켰다.

복지관에서 무료 수강 장학 수혜자를 추천하면 양천나눔장학회(자발적 학부모 모임)와 장학생선발위원회(학원연합회 내 조직)가 공동으로 적격성 여부를 심사한다. 집안 형편이 어렵지만 공부를 하고자 하는 열의를 가진 학생(설령 지금 당장 공부를 못해도)을 주로 선발한다. 지금까지 4회에 걸쳐 회당 30여 명을 선발하여 장학 혜택을 주고 있다. 장학회는 초·중·고 학생을 가리지 않는다.

"차라리 이 에미가 아팠으면……"

희귀병 질환 아동에 대한 복지 서비스 연계

2011년 2월 26일, 제11차 민원의 날. 이영숙(가명) 씨가 찾아왔다.

네 살 된 딸이 생후 6개월 때부터 희귀병을 앓고 있다고 한다. '에녹스카토스 증후군'이라는 희귀 난치성 질환인데, 뇌에서 경기를 일으키는 병이다. 딱히 알려진 치료법이 없고 약물 치료를 통해 상태가 나빠지는 것을 막아야 한다. 팔다리 근육이 굳어지기 때문에 이를 펴주고 주무르는 물리치료를 계속 해주어야 한다. 어린아이의 몸이지만 굳은 팔다리를 펴주는 물리치료는 힘이 많이 들어가는 노역이라 한다.

아이 아빠는 정수기 대여 일을 하는데, 수입이 아이 치료비와 생활비로는 턱없이 모자라(국가에서 일부 약물 치료비를 보조하지만) 아이 엄마도 일을 나가고 있다는 것이다.

친정어머니가 아이를 돌보아주는데, 팔다리를 펴주는 물리치료라는 게 할머니가 하기에는 힘에 부칠 수밖에 없다. 아이를 돌보기 위해 직장을 포기할 수도 없으니 오도 가도 못하는 형국이다.

양천구의회 보건복지위원장을 맡고 있는 구의원과 함께 방법을 찾아보기로 했다. 장애인복지관에서 도와줄 방법을 찾았으나 실패했다. 장애인복지관은 주로 성인 장애인의 운동 치료를 하지 어린아이의 물리치료를 할 방도가 없다는 것이다. 전문적인 물리치료사도 없다고 한다.

결국 선배의 '빽'을 쓰기로 했다. 보건복지부 고위 공직자인 고등학교 선배에게 막무가내로 부탁했다. 새카만 후배지만 국회의원의 부탁이니 선배로서도 어쩔 수 없었다. 아이를 도울 수 있는 제도를 발견했다. 중증 장애인을 대상으로 재활치료사가 호별 방문을 통해 복지 서비스를 제공하는 것이다. 그런데 문제는 이 아이가 서비스 대상이 아니라는 것이었다.

얼마나 입씨름을 했는지 모른다. 그래도 안 되는 것은 안 되는 것이었다. 늘 영역 문제, 관할 문제, 예산 문제에 봉착하여, 결국 해결책은 오리무중이었다.

신월1동에 베다니학교가 있다. 기독교 정신을 바탕으로 정신지체 장애아동에 대해 봉사 활동을 하는 사회기관이다. 김영숙 교장 선생님을 비롯한 교사들과 자원봉사자들이 헌신적으로 봉사한다.

원래 베다니학교는 양천구 목동이 개발되기 전 논밭으로 가득했던 구(舊)목동에 있었다. 그러나 목동이 개발되면서 좀 더 어려운 동

▼ 베다니학교 천사들과 함께. 왼쪽에서 네 번째가 김영숙 교장 선생님

네를 찾아 신월1동에 자리를 틀게 되었다. 기업의 사회공헌 프로그램을 유치해주어 시설 개선을 도왔던 인연으로 김 교장 선생님과는 사이가 좋았다.

정신지체 장애아동들의 작업치료 과정을 많이 보았기 때문에 교장선생님께 부탁 말씀을 드렸다.

"김 의원 뜻은 잘 알겠지만, 작업치료와 물리치료는 근본적으로 달라요. 게다가 우리 학교에는 전문적인 물리치료사가 없어요. 사정은 딱하지만 우리도 방법이 없네요."

작업치료, 물리치료, 운동치료. 그게 그건 줄 알았지만 그게 아니었던 모양이다. 보건복지부에 있는 동문 선배에게 베다니학교에 물리치료사를 한 명 보내주면 안 되겠냐고 떼를 썼지만 소용없었다.

몇 달이 지난 어느 날, 교장 선생님이 전화를 해오셨다. 한정된 예산 때문에 물리치료사를, 그것도 한 아이 때문에 고용하는 것은 불가능하지만 베다니학교 부설 어린이집에 아이를 등록한 후 일주일에 몇 번 아이를 데려와 자원봉사하는 물리치료사에게 맡기면 어떻겠느냐는 제안을 하셨다. 곧바로 아이 엄마에게 연락드렸더니 그것만으로도 크게 도움이 되겠다며 고맙다는 말을 전해왔다.

베다니학교. 거기에 종사하는 분들을 세상 상식으로 설명할 수가 없다. 인간에 대한 헌신과 장애인에 대한 사랑을 종교적 믿음에 의해 실천해 나간다.

김영숙 교장 선생님은 말씀하신다. 가장 낮은 곳을 찾아 신월1동으로 왔지만, 가장 따뜻한 동네이자 가장 인심 좋은 마을로 이사 왔음을 깨닫는다고.

베다니학교의 가족들과 그들을 섬기는 사람들 ◥

교장 선생님, 고맙습니다. 바로 당신이 세상에서 가장 복된 여인입
니다.

"추심전화 때문에 못 살겠어요, 도와주세요"

 저소득 다문화 가정의 채권추심 압박 해결

 **2011년 3월 26일, 제16차 민원의 날.** 박경복(가명) 씨가 찾아왔다.

조선족 아주머니인데, 한국 남자와 결혼한 큰딸을 따라 한국에 왔다고 한다. 한국에 들어올 때 둘째 딸도 같이 왔다.

조그만 장사를 하던 사위가 부도를 맞자 집안이 풍비박산이 났다. 큰딸 내외는 생활고를 이기지 못하고 끝내 이혼하고 말았다. 이혼하면서 큰딸이 떠안은 천 몇 백만 원이 문제였다.

빚은 이자를 낳고 이자는 원리금을 키웠다. 졸지에 몇 천만 원으로 불어난 돈을 갚는 게 불가능해졌다. 큰딸은 극심한 우울증에 시달렸다. 박경복 씨는 병마에 시달리는 딸과 중학생, 초등학생 외손자까지 떠안는 신세가 되었다.

그리고 끝 모를 악몽 속으로 빠져들기 시작했다. 낮이고 밤이고 채권추심 전화에 시달리기 시작한 것이다. 저승사자처럼 채권추심회사의 전화는 집안 전체를 공포로 몰아넣었다.

어느 날 집에 들어온 '양천을통신'(내가 정기적으로 제작하는 의정보고서 제목이다)에서 민원의 날 소식을 접하고 지푸라기라도 잡는 심정으로 우리 사무실을 찾았다는 것이다.

"선생님, 딸 따라 고향 떠나 이역만리까지 온 년이 병든 딸을 놔두고 어디로 가겠어요? 게다가 저 천둥벌거숭이 손자 둘을 떼놓고 어디로 도망가겠어요? 돈을 떼먹겠다는 게 아녜요. 어떻게 하든 갚아나갈 겁니다. 몇 십 년이 걸리더라도 좋아요. 빚을 쪼개주어야 갚지요. 몸이 부서져라 빚 갚을 테니 제발 그 무서운 전화 좀 하지 말라고 말해주세요. 살 수가 없어요."

빚이 어느 금융기관에 있는지 조사했다. 이제 거의 수사관 수준이 된 보좌관은 채권이 공공기관으로 넘어갔고 공공기관에서 전문채권추심회사로 추심 용역을 주었음을 확인했다. 그나마 사금융기관이나 사채가 아닌 게 천만다행이었다.

박경복 씨는 기초생활수급자가 될 수 있는 조건을 갖추었다. 큰딸은 장애 등급을 받을 만큼 병이 깊은 상태였다. 우선 기초수급자 혜택을 받도록 하는 게 중요했다. 구의원들이 필요한 서류를 만들어주어 이를 관철시켰다.

보좌관은 공공기관 채권추심팀과 협의에 들어갔다. 기초생활수급자임을 강조하고 현재의 채무 구조로는 도저히 빚을 갚을 수 없음을 주지시키는 가운데, 채무자의 채무변제 의지가 강력하다는 점을 확인시켰다.

결국 이자의 상당 부분을 탕감하는 동시에 원금도 장기간에 걸쳐 분할 변제하는 것으로 조정되었다. 중학교에 다니는 손자는 나눔장학프로그램의 혜택을 볼 수 있도록 복지관에 추천하였다.

한참이 지난 후, 박경복 씨는 감사 인사를 오겠다고 졸라댔다. 솔직히 다른 민원 해결하랴 동네 예산 따랴 정신이 없는 처지라 이런 시간 내기가 힘들었다. 그래도 자꾸 전화를 해와서 그럼 다음 민원의 날에 우울증에 걸린 큰딸과 함께 오라고 말씀드렸다. 의사는 아니지만 좋은 말씀 드리겠다고 말이다.

다음 민원의 날에 박경복 씨는 한 여자 분과 함께 오셨다. 병을 앓고 있다는 큰딸이 아니었다. 바로 우리 여섯 아이 다둥이 엄마였다.

하이고, 내 팔자야. 하지만 다둥이 엄마의 딱한 사연 또한 우리 동네 사람의 절박한 민원이 아니던가. 박경복 씨는 부지런히 일하며 약속대로 꼬박꼬박 빚을 갚고 있다고 들었다.

박경복 씨의 민원철. 우리 의원실은 이런 식으로 상담 내용을 기록한 것을 데이터화하여 민원 담당자들이 공유하는 시스템을 구축했다. ◥

군 자살자도
국가유공자가 될 수 있게 해 달라?

 **국가유공자법 개정안 통과 촉구 민원 해결**

 2011년 5월 14일, 제19차 민원의 날. 한상옥(가명) 씨가 찾아왔다.

군대에서 자살한 아들의 엄마였다. 집단 구타와 따돌림을 못 이겨 자살했는데, 재판을 통해 국가에 일부 책임이 있다는 판결을 받아냈다고 한다. 사실 군 자살자의 경우 국가의 책임을 인정받는 게 쉬운 일이 아니다.

찾아온 이유를 물으니, 민주당 박선숙 의원이 대표 발의한 '국가유공자법 일부 개정안'이 빨리 통과될 수 있도록 힘써 달라는 것이다.

나는 국가보훈처를 소관부서로 하는 정무위원회 위원이다. 하지만 박선숙 의원의 개정안에 대해 전혀 몰랐다.

국가유공자는 공무상 사망이나 상이를 당했을 때 소정의 심사를 거쳐 선정되는데, 군 자살자는 심사 대상에서 원천적으로 제외되고 있는바 이를 개정해 달라는 것이 개정안의 취지였다.

우리 동네 주민의 민원이기는 했지만 이는 일반 국민의 건전한 상식과는 조금 거리가 멀어 보였다. 자살한 사람도 국가유공자가 될 수 있게 해 달라? 국가유공자는 국가에 공이 있는 사람인데, 구타를 당하고 따돌림을 당해 자살했다고 해서 이 사람들을 국가유공자로 대우해야 한다?

한상옥 씨를 통해 군사상자인권연대라는 시민단체와 접촉했다. 한상옥 씨와 마찬가지로 군에서 자살한 가족을 둔 사람들의 모임이었다. 인터뷰를 진행하면서 이 문제가 생각보다는 복잡하다는 것을 깨달았다.

이분들의 요구는 모든 군 자살자를 국가유공자 심사 대상으로 해 달라는 것이 아니라 재판을 통해 국가의 잘못이 인정된 사람들은 심사 대상에 포함시켜야 한다는 것이다.

국가보훈처, 국방부, 법무부 관계자들과 관계기관 회의를 개최하였다. 국방부는, 자살자의 경우 아군의 병력을 손(損)하고 적군을 이롭게 하는 이적행위자로서 동 개정안은 군법 체계를 근본부터 무너뜨리는 것이라며 절대 수용할 수 없다는 입장을 천명했다. 법무부는 자살을 미화하거나 조장할 수 있다는 논리를 내세워 불가 입장을 견지했다. 국가보훈처는 타 부처의 의견 조율이 끝나지 않으면 법안 개정에 반대한다는 입장을 고수했다. 한 치도 타협의 여지가 보이질 않았다.

민주당 박선숙 의원은 상대 당 소속 의원이기는 하지만, 존경하고 좋아하는 누님 의원이시다. 그분이 개정안을 내실 때에는 그만한 이유가 있었을 것이다.

논리를 구성해보기로 했다.

1) 법원은, 즉 대한민국은 군 자살자에 대해 집단 따돌림이나 가혹 구타가 있었을 경우, 국가의 관리 소홀 책임을 점점 엄중하게 묻는 판결을 내리고 있다. 즉 자살을 개인 선택의 문제뿐만 아니라 환경의 문제로 보고 있다는 것이다.

2) 현행 국가유공자 지위는, 공무상 공이 있는 사망자나 상이자에게만 부여되는 것을 넘어 특정 공직에 장기근속을 했다는 이유만으로 국가유공자 지위를 부여하기도 한다.

만약 국가가 관리 소홀의 잘못을 저지르지 않았다면, 군 자살자는 정상적으로 군 복무를 마쳤거나, 공무상 사망이나 상이를 입어 국가유공자가 될 가능성이 있었을 것이다. 특히 특정 공직에 장기근속했다는 이유만으로 국가유공자의 지위를 부여받는 것과 비교할 때, 법원이 국가의 책임을 상당 부분 인정한 군 자살자의 경우 국가유공자 심사 대상 자격을 원천 박탈하는 것은 문제가 있다.

이 법안은 우리 정무위원회 내에서도 논란이 많았다. 이는 보수-진보라는 틀로 볼 수 없는 새로운 차원의 가치관 문제였다.

내 발언의 요지는 이러했다.

"앞으로 자식을 군대에 보내야 하는 애비의 한 사람으로서, 국가보훈의 대의를 지켜 나가야 하는 국회 정무위원의 한 명으로서, 헌

국회 상임위에서 국가보훈처장에게 질의하는 모습 ▼

법에 의거해 국방의 의무를 수행하러 간 젊은이를 끝까지 지키는 것이 나의 책무다. 일방적으로 군 자살자를 유약하고 한심한 사회 낙오자로 규정하는 것이 국가 안보를 튼튼히 하는 것인가? 국가의 책무는 군대에 자식을 보낸 부모들에게 당신 자식을 끝까지 책임지겠다는 각오와 실천을 보이는 것이다. 군 자살자 부모 입장에서는 볼 때, 국가가 관리 책임 실패를 지고 군 자살자를 국가유공자 심사 대상에 넣어야 하는 것은 당연하다."

논란 끝에 박선숙 의원의 개정안은 통과되었다. 한상옥 씨와 시민단체로부터 고맙다는 인사를 건네받았다. 그러나 이게 칭찬 받을 일이었나 싶다. 만약 내 가족이 이런 일을 당했다면, 나는 어찌했을까.

민주당 박선숙 의원에게 한상옥 씨를 대신하여 감사의 말씀을 전한다.

"내 딸이 두 번 죽게 생겼어요!"

 고3 여학생 교통사고 사망 사건 처리 민원

 **2011년 5월 28일, 제20차 민원의 날.** 이옥명(가명) 씨가 찾아왔다.

얼마 전 고3 딸이 억울하게 죽었다는 것이다. 딸은 밤 1시까지 독서실에서 공부하고 돌아오다 집 앞에서 교통사고를 당해 현장에서 숨졌다. 가해자는 무면허에 음주운전자였다. 도주하려던 가해자는 현장에 있던 마을 주민들에게 붙들렸고 경찰에 넘겨진 후 구속되었다.

"이 못난 에미가 딸을 두 번 죽이게 생겼습니다. 가해자란 사람이 죽을죄를 지었다고 와서 용서를 구하고 합의를 보자고 사정해도 모자랄 판인데요."

"당연하지요. 그래야 자신도 어떻게 하든 벌을 덜 받게 될 테니까요."

"그런데 이 가해자란 사람이 말예요. 재판 받게 될 법원에서 얼마 전 퇴직한 부장판사 출신을 변호사로 선임했다는 거예요. 이렇게 되면 어디 재판이 공정하게 되겠어요? 대한민국에 전관예우가 있다는 것은 삼척동자도 아는 사실 아닌가요?"

전관예우 논란. 하기야 우리네 일상에선 송사가 붙을 경우 덮어놓고 전관예우 변호사를 찾게 되어 있다. 판사와 동기이거나 친한 사람, 검사와 고등학교 대학 동창, 해당 법원이나 검찰에서 최근 퇴직한 판사와 검사 출신 변호사. 당연히 전관예우를 받는 변호사는 비싸다. 실제 전관예우가 판결에 영향을 미치는지 사실 여부는 차치하고서라도 이것이 우리네 실상이다.

민원의 날을 거듭하면서 법률가에게 하도 많이 문의하다 보니 어느 정도 풍월은 읊게 되었다. 이 경우는 가장 센 전관예우에다가 죄 자체가 무면허 음주운전, 게다가 고3 여학생을 치고서 뺑소니 혐의

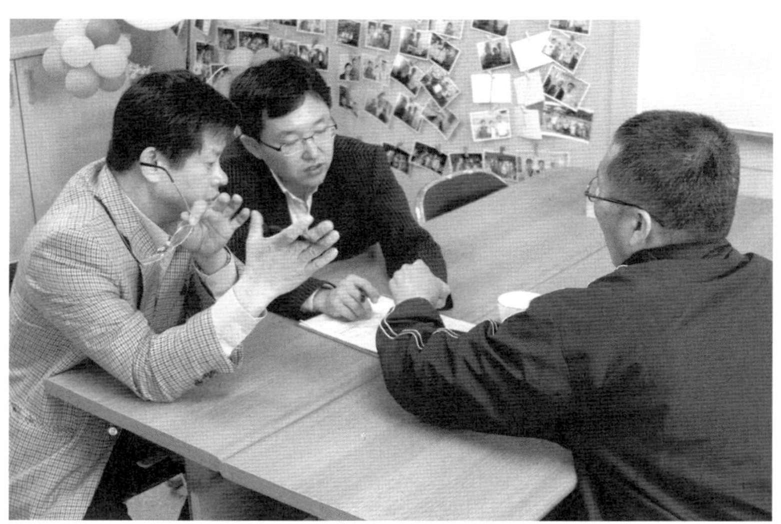

고3 어머니와 동행하신 민원인과 상담 중 ◣

43

까지 있으니 그 변호사 비용이 얼마나 될까 얼추 짐작할 수 있었다.

통상 가해자는 그 무엇보다 피해자 가족에게 진심 어린 사과를 하고 성의 있는 합의를 제시하는 게 순리였고, 그게 자신의 죄 값을 더는 길이었다. 피해자 가족이 얼토당토않은 합의금을 요구한 것도 아니었다.

"대한민국이 이래도 되는 거예요? 의원님이 제발 공정한 재판이 이루어지게 힘 좀 써주세요."

민원의 날을 하다 보면 판사나 검사에게 힘 좀 써 달라고, 국회의원이 얘기하면 다 된다고 황당한 고집을 피우는 분들이 많다. 그게 어디 될 법한 소리인가. 그런데도 많은 사람들이 그렇게 부탁하고 그렇게 믿고 있다. 어디서부터 잘못된 것일까.

평소 같으면 되지도 않는 소리이니, 내가 할 수 있는 게 아니라고 잘랐을 것이다. 그러나 고3 딸이 죽었다는데, 그것도 밤 1시까지 공부하고 오다가 무면허 음전운전 차에 치여 죽었다는데, 가해자는 뻔뻔하게도 합의 노력은 제대로 않고 저 살겠다고 비싼 변호사나 살 궁리나 하고…….

문제는 내가 할 수 있는 일이 아무것도 없다는 것이었다. 무엇을 어떻게 할 수 있단 말인가. 이틀 동안 그저 속만 끓었다.

우연치 않게 우리 지역 검사장과 얘기할 기회가 생겼다. 법률전문가 관련 행사 자리였다. 한참을 망설이다가 이 사연을 꺼냈다.

"검사장님, 실은 이런 사건이 검사장님 지검에서 기속하여 재판 중에 있습니다. 피해 학생 어머니가 불안한 마음에 민원의 날에 찾아오셨습니다. 물론 공정하게 처리하고 계시겠지만 꽃다운 어린 학생의 죽음인지라 보다 엄격하게 기소를 유지해주실 것을 간곡히 부탁드립니다."

검사장은 내가 민원의 날을 진행하는 것을 알고 있었다. 한번 내용을 살펴보겠다는 대답을 했다.

이틀 후, 피해 학생 어머니에게 진행 상황이 어떠한지 전화를 드렸다. 어인 일인지 바로 전날 가해자 측이 백배사죄의 말과 함께 최대한 합의에 나서겠다는 뜻을 전해왔다는 것이다.

솔직히 이런 일을 하는 게 맞는지는 모르겠다. 그러나 그 상황에서 힘없는 피해 학생 어머니가 매달릴 곳이 나밖에 없었을진대, 우리 동네 국회의원은 어찌해야 옳았을까.

제2장

억하심정과
포한 풀기

형편이 어려워도 사람 사는 동네.
뽑고, 넓히고, 만들고, 옮겨 달라는
다양한 민원들을 소개합니다.

"바로 베란다 앞이 깜깜절벽인데, 어디 살겠어요?"

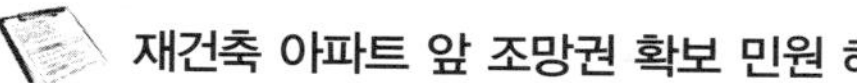 재건축 아파트 앞 조망권 확보 민원 해결 실패기

 2010년 7월 31일, 제1차 민원의 날. 신월6동 삼동아파트에 사는 주민들이 찾아오셨다.

재건축 아파트인 삼동아파트의 구조는 특이했다. 남부순환도로 뒤편의 이면도로를 면하고 있는 아파트 베란다가 동향인 이면도로 쪽이 아니라 서향인 남부순환도로 쪽으로 나 있다. 건축 당시(물론 이 사건 당시까지도) 남부순환도로를 면하고 있는 부지(즉, 삼동아파트 베란다 쪽)에는 택시회사 주차장이 있었다. 주차장이라 해봐야 1층 높이도 안 되니 조망상으로는 좁은 이면도로 쪽보다는 서향이기는 해도 남부순환도로 쪽으로 베란다를 내는 게 유리했다고 한다.

그런데 이 택시회사 주차장 부지가 용도 변경되어 상가 및 오피스 건물이 들어서게 되었다는 것이다. 이렇게 되면 베란다 3미터 앞에 9층짜리 건물이 들어서게 된다. 삼동아파트 전체가 완전히 깜깜절

▼ 삼동아파트 주민들과 민원 상담하는 모습

벽에 가로막히게 된 것이다. 특히 13가구 주민들은 아파트 전체가 면벽을 하게 생겼다.

주민들은 허가권자인 구청에 항의 방문도 하고 여러 차례 구청 정문에서 시위도 했다고 한다. 구청장을 비롯하여 수많은 사람을 만났건만 별다른 대책도 없이 이제는 슬슬 피하기만 한다고 했다.

굳은 각오로 시작한 민원의 날 첫 회에 들어온 민원인지라 바로 다음 날인 일요일 전격적으로 현장 조사에 나섰다. '설마 바로 오겠어?'라고 생각했던 주민들은 난데없는 방문에 깜짝 놀랐다.

주민들 말이 틀림없는 사실이었다. 게다가 신축 건물에서도 아파트 베란다 쪽으로 창문을 낸다고 하니, 삼동아파트 안방까지 빤히 들여다보이게 생겼다.

현장을 보면 볼수록 이해할 수 없었다. 조망권, 일조권이라는 게 있는데 어떻게 구청에서 허가를 내줄 수 있단 말인가.

민원의 날 최초의 관계 기관 대책회의를 소집했다. 처음 해보는 회의인지라 구청에서는 영 달가워하지 않았다. 구의원들을 통해 밀어붙였다.

회의 초반 주민들에게 결정적으로 불리한 자료가 나왔다. 일단 베란다 자체가 서향인지라 새로운 건물이 들어서도 일조권 침해로 걸기가 어렵다는 사실을 알게 된 것이다. 그렇다고 주민들 죽으라고 할 수는 없는 것 아닌가.

구청을 압박하는 수밖에 없었다. 건축 허가 시 주변 주민들의 강력한 반대 민원이 있을 경우, 구청은 허가를 보류할 수 있다는 조항을 실행하라고 요구했다. 이 경우, 공사 신청권자는 구청을 상대로 소송을 해야 한다. 그러나 허가권자인 구청을 상대로 실제 소송을 진행하기란 만만치 않은 게 사실이다. 공사를 진행하다 보면 소소한 위반사항이 있게 마련이고 이 경우 구청에서 맘만 먹으면 공사 진행을 매우 어렵게 할 수 있기 때문이다.

구의원들과 함께 구청이 건물주와 적극적으로 협상하라고 압박했다. 만에 하나 납득할 만한 타협책 없이 공사를 강행하면 나도 주민들과 함께 포클레인 앞에 눕겠다고 공갈(?)을 쳤다.

내가 타협안을 제시했다. 베란다와 신축 건물 사이의 간격을 기존 설계안보다 배 이상 떨어지게 할 것, 베란다 쪽으로 창문을 내지 않되, 불가피할 경우 창문 가리개를 반드시 설치할 것, 공사 기간 중 소음진동 피해에 대해 적절한 보상을 할 것 등이었다.

밀고 당기는 협상이 몇 달간 지루하게 진행되었다. 이 중에서 건물 간 이격거리 문제는 타협안보다 후퇴하였다. 공시 기간 중 피해 보상도 줄어들었다. 그렇게 노력했건만 주민들의 바람을 제대로 들어주지 못했다.

민원의 날을 통해 풀어간 첫 번째 장기 과제였기에 온 신경을 써서 전력투구했지만 결과적으로 실패로 끝났다. 물론 그 과정에서 민원의 날 문제 해결 과정에 대한 다각적인 점검이 있었기에 아주 성과가 없었던 것은 아니다.

신축 건물 공사가 시작된 후, 주민들 몇 분이 음료수를 사들고 찾아오셨다. 참으로 죄송하고 민망스런 자리였다.

"김 의원님, 그래도 도망가지 않고 끝까지 같이 있어주셔서 감사합니다. 뭐, 어쩌겠어요?"

민원의 날, 문제를 해결했느냐만큼 얼마나 성심성의껏 일에 매달렸느냐 하는 것도 중요하다는 것을 깨달았다. 주민들은 두 눈 똑바로 뜨고 우리를 지켜보고 계셨다.

"군인이 무슨 죄라고, 이런 데서 살아요?"

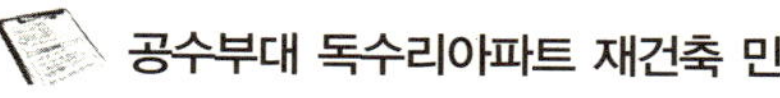 공수부대 독수리아파트 재건축 민원

2010년 8월 28일, 3차 민원의 날. 제1공수여단 관계자들이 전투복 차림으로 사무실로 들어섰다. 주임원사, 전략참모, 인사참모 등이었다. 군 숙소 및 군가족 아파트 신축 이전 문제를 논의하기 위한 방문이었다.

신월5동에는 제1공수여단이 있다. 전두환 전 대통령이 초대 사령관을 지낸 부대라 한다. 늘 최강의 전투력을 유지하는 가운데 최고 난이도의 임무를 수행하는 부대이다. G20 정상회의 때 세계 정상들을 최근접 거리에서 경호했다.

국회의원이 되고 나서 난 어처구니없게도 이 부대를 어떻게 하면 이전시킬까 하는 궁리를 한 적이 있었다. 이런 구상을 국방부 관계자에게 얘기했더니 그야말로 씨알도 먹히지 않았다. 방위 전략 개념을 몰라도 너무 모른다고 면박을 당했다.

▼ 이분들은 용맹한 제1공수여단의 군인들이자 우리 주민들이시다.

공수부대 바로 옆에 군가족 숙소인 독수리아파트가 있었다. 여기에 사는 분들이 우리 동네 주민들인지 잘 몰랐다. 대개 2~3년 근무 끝나면 이사 가는 사람들이라 생각했다.

제1공수여단의 핵심 주력은 하사관들이다. 이들은 이 부대에서 십수 년, 많게는 이십 년 넘게 복무하고 있다. 자연히 그 가족들은 온전히 우리 신월3동, 신월5동 주민들이시다.

어느 날, 독수리아파트를 방문하게 되었다. 지은 지 20년이 훨씬 넘은 15평짜리 낡은 아파트였다. 아파트 바로 위로 하루에도 백 차례 이상 비행기가 날아다닌다.(김포공항 활주로 이착륙 구간 바로 전에 이 아파트가 있다.)

부모님을 모시는 집들이 많았다. 군인들은 모두 애국자인지 아이

54

들도 대개 두세 명씩 되었다. 대개의 집은 발디딜 틈도 없어 보였다. 평소에 잘 알던 아주머니가 잊지 못할 말을 했다.

"의원님, 군인 가족이 뭐라 할 말이 있겠어요? 전방에 가면 이보다 더한 곳도 있다는데요. 그런데 우리 아빠는 이곳에서만 수십 년간 근무하잖아요? 우리 애 다니는 학교 엄마들이 그런대요. 저 아파트가 우리 동네 수준 떨어뜨린다고요. 군인 가족이 죄인가요? 그래도 여기가 서울인데, 왜 이런 아파트에서 평생 살아야 하나요?"

아파트를 방문한 얼마 후, 장수만 국방부차관께 전화를 드렸다. 꼭 한번 이 부대를 방문해 주십사 하고 부탁드렸다. 장수만 차관과는 대선 캠프와 인수위원회 시절 같이 일한 인연이 있었다.

헬기를 타고 차관이 부대 연병장에 도착했다. 부대 의전 장교들의 안내를 깡그리 무시하고 독수리아파트로 차관을 안내했다. 그리고 군인 사모님들과 즉석 간담회를 열었다.

"이곳은 엄연히 서울입니다. 전방에는 이보다 열악한 숙소가 허다하다는 말이 이분들에게 무슨 위로가 됩니까? 남편이 열심히 국가를 위해 봉사하는 동안, 서울 시민들과 어울려 부모 모시고 자식 키우면서 지역 사회의 일원으로 살아갑니다. 군인 아파트가 동네 값어치 떨어뜨린다고 손가락질 한답니다. 이래서야 어디 제1공수여단이 최강의 전투력을 유지할 수 있겠습니까? 집안이 평안해야 전투력도 유지되지요."

장 차관의 옛날 인연을 무기 삼아 막무가내로 밀어붙이니 그 밑에 있는 부하들이 난감한 표정을 지었다. 난 장 차관께 납작 엎드렸다.

"도와주십시오, 형님!"

결국 BTL 방식으로 부대 내에 아파트를 새로 건축하고, 기존의 독수리아파트는 깨끗하게 리모델링하기로 했다. 여기에 더해 장교 독신 숙소도 리모델링하기로 결정했다.

이로부터 1년여가 지난 2010년 8월 생각지도 못한 돌발 상황이 발생했다. 민원의 날에 찾아온 주임원사는 거의 죽을상을 하고 있었다. 부대 내에 아파트를 지으려고 했던 계획이 경관규제 규정 때문에 무산될 위기라는 것이다. 아니 다른 데도 아니고 부대 내 야산을 깎아 숙소를 짓는데 무슨 경관규제란 말인가.

국방부, 서울시, 제1공수여단 관계자를 불러 관계기관 대책회의를 열었다. 쟁점은 간단했다. 부대 내에 아파트가 들어설 자리가 야산 중턱인데 부지가 좁아 아파트 층수를 올려야 했다. 서울시에선 허가를 해주지 않았다.

"아니, 군부대 내에 경관규제를 설정해서 뭐 할 겁니까?"

"도시계획 규제는 죽어도 안 됩니다. 대통령이 뭐라고 해도 안 됩니다."

도시계획 규제는 난공불락이었다. 대통령이 나서도 안 된다는데 어쩌겠는가. 결국 부대 내 부지에 일부를 짓고, 기존의 독수리아파트를 리모델링이 아니라 완전 신축하는 것으로 결론을 내렸다.

이제 돈이 문제였다. 어떻게 추가 예산을 확보할 것인가. 또다시 국방부차관에게 연락을 드렸다. 당시 차관 자리에는 기획재정부 예산실장을 지낸 이용걸 차관이 와 있었다.

이용걸 차관과는 2008년과 2009년에 걸쳐 수없이 만난 인연이 있었다. 우리 동네 항공기 소음피해 대책예산을 확보하기 위해 거의 한 달에 두 번씩 과천 청사 예산실장실을 들락거렸다. 예산실장이 없으면 국장을, 국장이 없으면 과장을, 과장이 없으면 사무관이라도 만나 출근 도장을 찍었더랬다. 이런 인연이 여기서 도움이 될 줄은 몰랐다.

이 차관도 국방부 일로 나와 만날 줄은 몰랐다고 한다.

"차관님, 용산에 있는 국방부야 과천에 비하면 여의도에서 금방입니다. 재작년에는 한 달에 두 번씩 문안을 드렸지만, 이제 매주 문안을 올리겠습니다. 잘 부탁드립니다."

결국 이 차관이 부대를 방문한 연후에 새로운 계획이 승인되었다. 차관이 부대를 방문했을 때 악착같이 차관을 근접 수행했다. 공수부대 여단장이나 국방부 관계자들이 아연실색했다. 뭐 예산 따는데, 의전이 밥 먹여주는가.

예산 따는 데에는 서양의 'Early Bird(일찍 일어나는 새)'도 있지만, 역시 우리 아버지 밥상머리 말씀이 딱이다. 식전잠(새벽잠)이 없어야 어디 가서 안 굶는다.

영업 중에서 가장 어려운 게 약, 자동차, 보험 영업이라고들 한다. 그중 손해보험 영업이 가장 고되다는 게 중론이다. 한 건 하면 한 회사를 상대로 몇 년씩 관계를 지속할 수 있기 때문이다. 이문이 큰 만큼 영업 과정이 고되고 오랜 시일이 소요된다.

지역구 예산 따내는 것, 손해보험 영업과 다를 게 없다. 예산 영업의 핵심은 '자락을 충분히 까는 것'이다. 지역구 사업 한 건을 성사시키기 위해 관계자들과 꾸준하게 인간관계를 만들고, 그 관계를 유지하기 위해 끊임없이 이벤트를 만들어낸다. 자주 찾아가고, 인사하고, 잊지 않게 이벤트하고…….

예산 영업은 4단계로 진행된다.

1단계는 매년 6월이 되기 전까지다. 기획재정부 예산실은 각 부처로부터 예산 기획안을 접수받고 이를 전체 예산에 맞추어 가편성을 한다.

2단계는 매년 8월 말까지다. 청와대가 장기 예산 전략에 비추어 가편성안을 검토하는 동시에 각 부처의 의견을 수렴하여 조정한다.

3단계는 매년 11월 말까지다. 국회로 넘어온 예산을 각 상임위와 예결특위에서 심의한다.

4단계는 매년 12월 어느 시점까지이다. 국회 예결특위 내 계수조정소위원회에서 최종 수치를 조정한다.

보통 영업은 그 전해 12월부터 시작한다. 예를 들어 2011년 사업 예산을 따내기 위해서는 2009년 말부터 영업을 시작하여 2010년 상반기 중에 예산 가편성안에 무조건 끼워 넣어야 한다. 2단계에서 잘 버틴 다음 3단계에서는 각 상임위원회에서 어이없이 잘리지 않도록 세심하게 정보망을 세워둔다. 4단계에서는 무조건 막가파식으로 계수조정 회의장을 24시간 보초를 선다.

예산 전쟁의 핵심은 관련 예산에 대한 관계부서 공직자들의 관계망을 파악하는 것이다. 예산 계선에 서 있는 담당 주사, 사무관, 서기관, 부이사관, 이사관, 차관보 등의 고향, 학연, 인맥, 혈연을 다 조사한다. 내가 아는 사돈의 팔촌을 다 동원하여 이들에게 편하게 접근한다.

대부분 국회의원들은 톱다운(top-down) 방식으로 일한다. 나는 철저하게 바텀업(bottom-up) 방식을 구사한다. 가장 밑바닥부터 올라간다. 1월부터 우리 동네에 왜 예산이 필요한 지에 대해 정리한 자료를 가지고 만나기 시작한다. 국회로 부르는 법은 없다. 직위 고하를 막론하고 무조건 사무실로 찾아간다. 밥 먹자고 약속한다. 밥값도 내가 낸다. 두 번 만나서 안 되면 세 번, 네 번 만난다.

대개 이 정도 하면 자신들은 동의하니 윗선에서 지시가 내려올 수 있도록 하면 오케이라는 답을 얻는다. 이러면 바로 윗선으로 영업이 시작된다.

실무 라인에 대한 영업이 마무리되면 장관이나 차관을 만나 담판을 짓기 시작한다. 대개 잘 검토해보겠다는 좋은 말로 국회의원을 돌려보내려 한다. 천만의 말씀이다. 장관님만 오케이하면 실무자들도 좋다고 하니 답을 달라고 읍소하고 안 되면 '떼쓰기' 작전에 돌입한다.

기획재정부의 예산 라인에 대한 영업은 정말 어렵고 중요하다. 내로라하는 공기업 사장들이 예산실 사무관에게 혼쭐 나기 일쑤다. 예산 라인 공직자들은 그 힘든 일을 하면서 바로 이 맛으로 일한다고들 한다.

장 섰을 때 영업하면 늦다. 장 서기 전부터 영업해야 한다.

국회 상임위와 예결특위 영업도 만만치 않다. 국회의원끼리 영업하기는 정말 어렵다. 서로 선수이기 때문이다. 물량공세가 최선이다. 계속해서 문안 인사를 올리고 작지만 기억에 남는 이벤트를 해줘야 한다. 그게 볼펜이든 피자든 신세 잊지 않도록 악을 쓴다.

계수조정소위는 전쟁터다. 여기서 볼펜으로 금 그으면 만사 끝이다. 1년 내내 영업했던 것 말짱 도루묵이다. 졸면 죽는 것이다. 일단 보좌관으로 하여금 회의장 밖에서 24시간 보초를 세운다. 계수조정소위 회의실 안에 들어가 있는 사람과 핫라인을 세울 수 있는 게 보좌관의 진짜 실력이다.

초긴장 상태에서 상황이 발생하면 국회의원이 현장에 출동한다. 국회의원은 이때부터 완전 '무대뽀' 인간이 된다. 밀리면 죽기에 그야말로 악을 쓴다.

예산 전쟁이 끝나면, 확보된 예산에 도움을 주었던 분들에게 작은 정성을 보인다. 화장실 갈 때와 나올 때 다른 것은 영업하는 사람의 자세가 아니다. 이 사람들을 언제 어디에서 다시 만나게 될지 모르기 때문이다.

연말에 모든 언론은 국회의원을 비난하는 대형 기사를 경쟁적으로 싣는다. 나라 예산은 나 몰라라 하고 자기 지역 예산 타내기에만 혈안이 된 국회의원 랭킹 톱 텐을 발표한다. 여론이 들끓는다. 이날 밤 톱 텐 안에 든 국회의원들은 이불을 뒤집어쓰고 웃는다.

고래 싸움에 새우등 터진 우리 동네

 **알박기에 5년간 폐허로 방치되었던 건물 철거**

2010년 8월 28일 제3차 민원의 날. 신정4동에 사는 허말순 씨가 방문하셨다. 우리 동네에서 가장 큰 병원인 홍익병원 바로 뒤편에 있는 동원데자뷰아파트에 사신다.

"고양이 때문에 못 살겠어요. 이게 무슨 시골이나 판자촌도 아니고."

"홍익병원 뒤라면 목동오거리 뒤편이고 우리 동네서 가장 중심지인데 무슨 고양이에요?"

비가 부슬부슬 내리던 바로 다음 날 현장에 나가보았다. 주민 몇 분이 아파트 정문 앞에 우산을 받치고 서 계셨다. 어디서 쓰레기 냄새가 확 풍겨왔다. 지은 지 얼마 안 되는 동원데자뷰아파트 바로 앞에 폐허로 방치된 3층짜리 빌라에서 풍겨 나오는 냄새였다.

얼기설기 철제 담으로 둘러싸인 빌라 안은 한눈에 보기에도 쓰레기로 가득 차 있었다. 창틀이 모두 뜯겨져 있었고, 칙칙한 건물 외벽이 위태롭게 보였다.

"아니, 이게 언제부터 이러고 있었어요?"

"거봐, 우리 동네 국회의원이라는 사람이 여길 처음 와봤다네. 벌써 5년째예요. 이게 어디 사람 사는 동네예요? 도대체 구청장이나 국회의원은 뭐하는 사람들이에요?"

동원데자뷰 재건축 아파트가 완공될 무렵인 5년 전이었다. 홍익병원은 부속 건물을 짓기 위해 문제의 빌라 전체를 매입하였다. 그러나 한 세대가 끝까지 버티면서 일이 틀어지기 시작했다. 다른 세대보다 거의 배나 많은 돈을 요구했다.

이때 동원데자뷰 재건축 아파트 건설업자가 문제의 세대를 전격적으로 매입했다. 새 아파트 앞에 장례식장이 들어오는 것을 막겠다

귀신이라도 나올 것 같은 빌라의 모습 ◀

는 명분을 내세웠다. 당시 주민들 사이에서는 홍익병원이 장례식장을 지으려 한다는 소문이 돌았다. 당연히 새 아파트에 입주하는 주민들에게는 나쁠 것이 없었다.

건설업자는 선수 중의 선수였다. 장례식장 절대 불가를 내세웠지만 실제로는 자신이 매입했던 것보다 거의 배나 많은 돈을 홍익병원에 요구했다. 홍익병원 입장에서는 최초의 빌라 매입 비용보다 네 배나 많은 돈을 지불해야 할 판이었다. 협상은 깨져버렸고 그사이 아파트는 입주를 완료하였다.

조합 분양 입주자는 그렇다 치더라도 일반 분양 입주자는 그야말로 날벼락을 맞은 셈이었다. 입주한 새 아파트 앞에 황당무계한 폐허가 버티고 있으니 말이다.

주차장과 장례식장이 필요했던 홍익병원은 건설업자와의 협상을 포기하고 전혀 새로운 선택을 했다. 병원 길 건너편에 있던 제성병원을 전격 매입하였다. 제성병원에는 장례식장이 있었다. 5년간 재산권 행사를 못한 홍익병원으로서는 손실이 이만저만한 것이 아니었다.

홍익병원과 건설업자 간의 감정싸움과 치킨 게임이 날로 첨예해졌다. 홍익병원은 일개 건설업자의 '알박기'에 굴복할 수 없다는 명분에 충실했고, 건설업자는 시간은 내 편이라며 '알박기'를 통한 큰 이익에 올인했다. 홍익병원의 명분과 건설업자의 이익 사이에서 동원데자뷰아파트 및 인근 주민들은 쓰레기 냄새와 고양이에 시달리는 나날이 계속되었다.

홍익병원을 찾아갔다. 라석찬 이사장님이 잔뜩 경계하는 눈빛으로 나를 맞았다. 한눈에 보기에도 품위 있게 늙은 노의사였다.

"저간의 사정은 다 들었습니다. 이사장님, 아무리 그래도 동네 한복판에서 다른 곳도 아니고 홍익병원이 이 문제를 이렇게 방치해서야 되겠습니까?"

"젊은 국회의원 양반, 내 나이가 이제 일흔여덟이오. 내가 이 병원을 설립했을 때 양천구 전체는 허허벌판이었어. 병원을 이렇게 키워오면서 돈도 벌었지만 양천구 주민을 위해 많은 일을 했다고 자부합니다. 그런데 나를 무슨 파렴치한으로 몰다니 그럴 수 있소? 빌라를 매입할 때 장례식장 건립을 확정했던 것도 아니오. 주차장과 부속 건물이 필요해서 매입했건만 장례식장 들어온다고 주민들을 부추겨놓고 저는 정작 알박기 하러 들어온 그런 건축업자에게 내가 굴복하란 말이오?"

문제의 건축업자를 찾아 만났다. 병원 이사장을 만난 얘기를 하고 중재 의사가 있음을 밝혔다. 건축업자는 당신이 뭔데 사적인 일에 끼느냐는 투로 대답했다.

"난 내 요구액에서 단 한 푼도 깎아줄 수 없소. 당신이 국회의원이든 뭐든 맘대로 해보슈."

아파트 주민들께서 집단 청원서를 가지고 오셨다. 국회의원이 나섰다는 소문이 나서인지 그 인근 주민들까지 서명에 동참했다. 나로서는 빠져나갈 구멍이 없었다. 여기가 죽을 자리든지 살 자리였다.

라석찬 이사장 설득은 내가 직접 나섰다. 건설업자에게는 동네에

▼ 빌라를 철거하는 모습

서 알 만한 사람을 수배하여 설득과 압박을 병행해 나갔다. 협상은 진척되지 않았다.

'알박기'에 대한 현행 법률의 대응은 무디고 더뎠다. 일단 알박기 측의 돈을 다 지불한 후, 추후에 부당이득죄로 고발하고 재판을 청구하는 것만이 유일한 법적 해결책이었다. 문제는 이게 하 세월이라는 것이다.

8개월을 허송세월한 후, 마지막이라는 심정으로 홍익병원 이사장을 찾아갔다. 새로운 중재안도 없었기에 그저 서로 얼굴을 바라보다 나왔다. 며칠 후, 이사장에게 연락이 왔다.

"젊은 국회의원 양반, 당신이 나를 몇 번 찾아온 줄 아시오? 여섯 번이오. 내 평생 사람 살리는 일과 자존심 두 개로 살아왔지만 이제

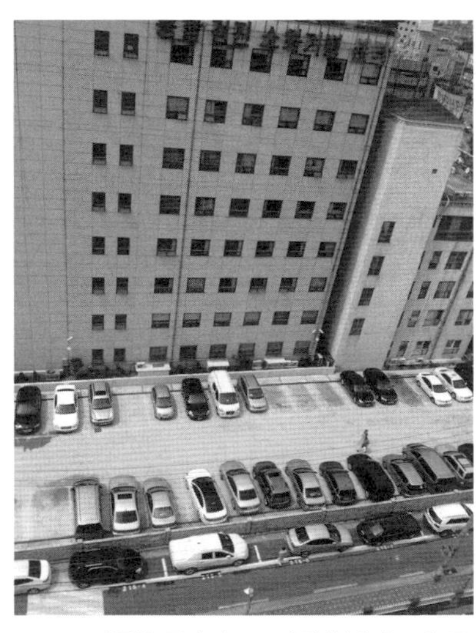

깨끗한 주차장으로 바뀐 현재의 모습 ◣

내가 물러나야 할 것 같소. 내가 그 건축업자에게 지는 게 아니오. 여섯 번이나 찾아와 당신이 대변했던 이 동네 사람들과 내 평생을 받쳤던 양천구민에게 지는 것이오."

라석찬 이사장에게 전화를 받은지 며칠 후, 5년간 폐허로 방치되었던 빌라는 철거되었다. 그리고 그 자리에 깨끗한 주차장이 들어섰다.

정의는 승리하지 못했다. 법을 만드는 국회의원이건만 법도 소용없었다. 고래 싸움에 새우등 터진 우리 동네만 5년간의 괴로움을 겪은 후 언제 그랬냐는 듯이 일상으로 돌아가 있다.

이 자리를 빌려 라석찬 이사장님께 주민을 대신하여 감사의 말씀을 올린다.

사람들은 왜
억하심정을 품는가?

 **재개발지역 내 감정평가 재측량 요구 민원**

 이렇게 쉬운 민원이 있었나 싶다. 그러나 이렇게 큰 교훈을 준 민원이 있었나 싶다.

2010년 9월 4일 제4차 민원의 날. 신정3동에 사는 이정자 씨가 찾아오셨다. 단순한 민원이었다. 이정자 씨 집은 재개발구역 내에 있다. 감정평가를 받은 후 보상금을 수령하고 이사를 가야 한다. 지적공사에서 측량을 나왔다. 아주머니는 측량하는 사람들과 대판 싸웠단다. 며칠이 지난 일임에도 불구하고 그때만 생각하면 분이 풀리질 않는다며 언성을 높였다.

"조합 사람들이 손을 써서 나를 골탕 먹이려고 작정한 거예요. 그러니까 지적공사에서 나와서 엉터리로 측량을 했지."

"어떻게 했기에 그러세요?"

"아니 지금이 어느 시대인데 줄자로 측량을 해? 땅 한 평에 얼마인데, 대충 그렇게 잰단 말예요? 평소 내가 조합에 고분고분하지 않았더니 날 죽이려고 둘이 짠 게 틀림없어."

민원의 날을 하면서 참으로 많은 일들을 겪는다. 우리 집 수도에 청산가리를 타는 사람이 있는데, 그게 바로 국정원 사람들이다. 윗집에 사는 사람이 층간 소음을 통해 나를 말려 죽이려 하니 국회의장을 만나게 해 달라. 이런 사람도 봤다.

이 아주머니도 무엇인가에 단단히 씌운 게지, 지적공사 공무원들이 무엇이 아쉬워 재개발조합과 짜고 한 사람을 죽이려 한단 말인가.

지적공사로 전화를 했다. 사정 얘기를 하니 담당자가 펄쩍 뛴다. 아니, 국회의원이 그런 말을 믿는단 말이냐고 말이다. 그러게 나도 믿기질 않으니 내가 보는 앞에서 다시 측량을 해보자고 요청했다.

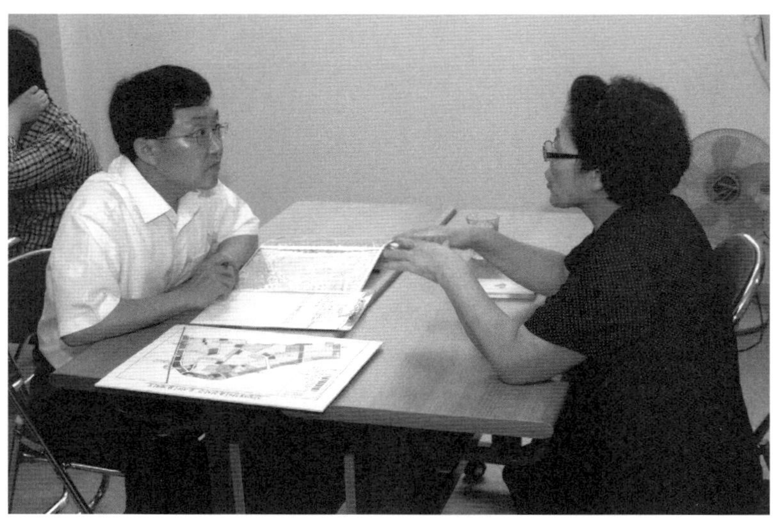

"지금이 어느 시대인데 줄자로 측량을 해?"

지적공사 관계자는 백번이라도 하겠다며 당장 나가겠다며 억울해했다. 민원인과 지적공사 관계자를 현장에서 만났다.

"저, 제가 잘 몰라서 그러는데, 뭐 측량하는데 줄자 말고 컴퓨터랄지 최소한 삼각대 같은 거 세워놓고 하는 것 아닙니까?"

"지적도에 나온 것이 원래 지형과 맞는지를 확인하는 작업이라 줄자로 재도 전혀 문제가 없습니다. 이 집만 그러는 게 아니라 어디든지 다 마찬가지입니다."

"그런데, 왜 아주머니가 이리도 펄펄 뛰시는 겁니까?"

"측량 결과 지적도 상보다 실제 면적이 적게 나왔으니까요. 이 집을 지으면서 공유면적을 일부 침범했어요. 흔한 일이지요. 다들 펄쩍 뛰며 난리가 납니다. 매번 겪는 일이라 우리로서는 새삼스러울 것도 없습니다."

상황이 이렇게 되다 보니 내 처지가 딱해졌다.

"아주머니, 이제 이해 가셨어요? 설마 공무원들이 누구 골탕 먹이려고 허튼짓 하겠어요?"

"아니, 그러면 처음부터 그렇다고 차근차근 설명해주었으면 될 것 아니에요? 왜 줄자로 재냐니까 대답도 않고 귀찮게 하지 말라고 화만 내셨잖아요?"

민원의 날을 하다 보면 해결되는 일보다 해결되지 않는 일이 더 많다. 대개 국회의원 사무실로 들어오는 민원은 온갖 곳을 돌아다니며 하다 하다 안 되어서 들어오는 것들이 대부분이기 때문이다.

세상에 이렇게 억울한 일이 있느냐며 펄펄 뛰시는 분들의 민원을 면밀히 조사하면, 현행법상으로나 제도상으로 도저히 안 되는 것들이 많다. 백번 양보해서라도 상식선에서 허용되지 않는 일도 상당수에 이른다. 그런데 왜 이 분들은 천하의 억울한 일이라며 억하심정을 가질까.

비밀은 거의 대부분 여기에 숨겨져 있다. 민원인들이 맨 처음 자신의 일이 해당사항 없음, 처리 불가, 재심의 논의 금지 등의 처분을 받았을 때 상황을 들여다보자. 검찰, 법원, 경찰, 세무서, 구청, 중앙부처 등 관공서에서 최초 통보를 받을 때 자세한 설명을 듣지 못한다. 그저 안 된다는 소리뿐이다. 안 되는 이유를 정확히 알아야 덜 억울할 텐데 말이다. 자세한 설명도 듣지 못한 채 위압적인 자세에 짓눌린 민원인은 '아, 내가 힘이 없으니까 이런 일을 당하는구나' 하고 생각하게 된다.

여기서부터 억하심정이 쌓이기 시작한다. 몇 번 더 관공서를 찾아가 억울함을 호소하지만 이제 들은 척도 하지 않는다. 문전박대가 이어진다. 이제 '이놈의 나라는 법도 없다' 는 극도의 피해의식에 사로잡힌다.

민원인에게 논리적인 설득은 필요하다. 그러나 무엇보다도 입장의 공유가 중요하다. 그 사람의 입장에서 얘기를 충분히 들어주는 것, 전후 사정을 조사한 후 알아듣기 쉽게 설명해야 한다. 그리고 가장 중요한 것이 진심 어린 위로다.

나는 민원의 날 중간중간에 무당처럼 될 때가 있다. 민원인의 억하심정을 듣다가 정신없이 민원인 입장이 되어 웃고 울고 소리 지르며

▶ 지적공사 관계자, 민원인과 함께 측량에 대해 얘기하고 있는 모습

그 사람의 맺힌 심정을 대변해준다. 그런 연후에 도저히 안 되는 일은 안 되는 것이라며 진심 어린 위로를 건넨다.

물론 이런 과정을 거쳤는데도 맺힌 게 풀어지지 않거나 오히려 국회의원 쇼에 속았다고 화를 내시는 분들도 많다. 하지만 해결은 안 되었어도 속은 시원하다면서 감사의 말씀을 남기시는 분들도 있다.

비오는 날 어쭙잖게 우산을 받쳐주는 것이 아니라 내 우산을 버리고 같이 비를 맞아주는 것, 한 배 탄 마음에서 입장을 공유하는 것, 그게 억하심정을 푸는 지름길이다.

핑퐁 게임에 갇혀버린 민원 해결하는 법

 교육청 - 구청 - 한전의 책임 떠넘기기 민원 해결

2011년 3월 26일 제16차 민원의 날. 신월2동에 사는 이희순 씨가 찾아오셨다.

동네 통장님이시다. 나에게는 엄청 어려운 분이다. 이분에게 국회의원 어깨에 힘 들어갔고 게을러졌다는 소리를 듣는 순간 동네에서 끝장이다.

이 통장님은 신강초등학교와 담 하나 사이인 라이프빌라에 살고 계신다. 학교 담 바로 안쪽에 심어진 큰 나무가 빌라 전체를 가리고 있단다. 통장님 댁을 비롯하여 여러 집이 피해를 입고 있었다. 학교가 세워진 지 30년 가까이 되니 나무 크기가 장난이 아니었다.

이 나무가 베란다를 온통 가리고 있으니 집 안 전체가 암흑천지라는 것이다. 게다가 나뭇잎이 담장을 넘어 빌라 쪽으로 떨어져 사시사철 배수관을 메우니, 이것 치우는 일도 엄청난 고역이란다. 여름

▼ 이희순 통장님과 민원을 상담하는 모습

이면 벌레가 집 안으로 떨어지기 일쑤다.

"통장님, 구청 관계자들을 잘 아실 텐데 구청에 부탁하시지요."

"했지. 그런데 학교 나무라 자기들은 모른대."

"학교나 강서교육청에는 알아보셨어요?"

"학교는 턱도 없고 교육청에서는 자기들이 할 수 없대. 나뭇가지 밑으로 큰 고압선이 지나가거든. 자기들이 자를 수 없대."

"그럼, 한전에 가보셔야겠네요."

"한전도 갔지. 그런데 안 된대. 학교 재산인데 왜 자신들이 나서야 하느냐는 거야."

부지런하기로 둘째가라면 서러워할 통장님이 무던히도 헛품을 파셨나 보다. 다 나쁜 놈들이라고 한참을 노발대발하셨다.

어디서부터 문제를 풀어야 할까 궁리했다. 일단 사무국장을 구청에 보냈고, 보좌관을 한전과 강서교육청으로 보냈다. 결과는 예상대로였다. 우리 소관이 아니라서 못 한다는 것이었다.

관계자들을 불러 모았다. 국회의원이 회의를 소집한다고 해서 꼭 응해야 하는 법은 없다. 이때마다 보좌관들이 쓰는 수법이 있다.

"우리 의원, 동네일이면 물불을 안 가립니다. 회의에 안 오시면 바로 찾아갈 겁니다. 그럼 괜히 일만 복잡해지지 않겠습니까?"

회의를 거듭했다. 다들 난감해하며 자신들이 나설 아무런 근거가 없다고 주장했다. 모이신 분들 앞에서 휴대폰을 꺼내 국회 사무실 비서에게 전화를 했다.

"오늘 일정 지금부터 모두 취소해. 이 일 결판날 때까지 회의 계속할 테니까."

일의 가닥이 잡힐 때까지 몇 시간이고 회의를 계속했다. 실무자들은 자기 윗선의 지시가 필요하다며 시간을 달라고 했다. 그럼 또 며칠이 지날 것이고, 얘기는 다람쥐 쳇바퀴 돌 것이 뻔했다. 여기서 전화상으로 윗선과 협의하고, 필요하다면 윗선과 내가 직접 연락을 취하겠다는 자세로 물러서지 않았다.

결국 세 기관이 역할을 분담하는 것으로 합의가 이루어졌다. 나무 벌목의 책임은 강서교육청이, 벌목하는 동안에 고압선을 안전하게 처리하는 책임은 한전이, 벌목된 나무를 해체하여 처리하는 책임은 구청이 지기로 했다.

민원인들이 열 받는 이유 중 하나가 관계 기관의 '핑퐁 게임'으로

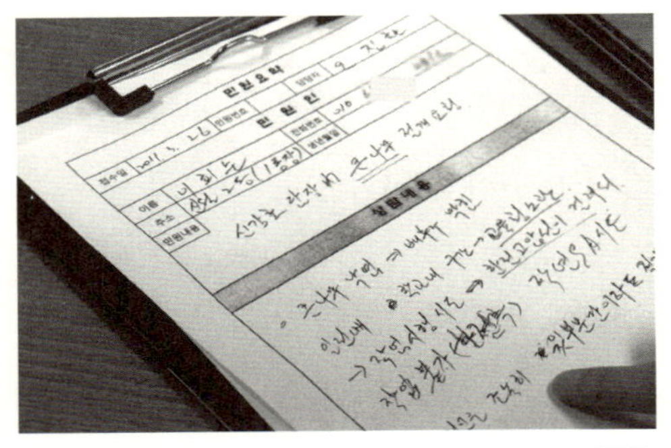

▼ 이희순 통장님과 민원을 상담할 당시 기록했던 민원철

인해 뺑뺑이를 돌면서 시간을 낭비하는 것이다.

고등학교 영어시간에 들은 유머가 기억난다. 세상에서 가장 쉬운 사전 만들기 비법이었다. 특정 단어를 찾으면 몇 페이지 어떤 단어를 참조하라고 나온다. 그 페이지로 이동하여 단어를 찾으면 또 몇 페이지 어떤 단어를 참조하라고 나온다. 이렇게 왔다 가다 하다 보면 처음 찾았던 특정 단어로 되돌아온다.

핑퐁 게임을 해결하는 방법은 결국 관계기관 대책회의밖에 없다는 것이 민원의 날을 진행하면서 터득한 비법이다. 그리고 회의실 문을 잠그는 것이다. 해결될 때까지 아무도 못 나간다고 압박하면서. 물론 나도 나갈 수 없다.

뒷산 공원 폐목 처리 민원 해결 실패기

2011년 7월 9일 제23차 민원의 날. 올해 소띠로 일흔 다섯 되신 이주영 씨가 찾아오셨다. 우리 아버지와 동갑이신데도 허리가 꼿꼿한 게 엄청 정정하시다. 대뜸 나라의 녹을 먹는 사람들이 이러면 되느냐며 나라가 큰일이라고 혀를 차셨다.

"김 의원, 산에 올라가 봐요. 작년 태풍 때 쓰러진 나무들 말이오. 그 나무들을 왜 산에도 방치하는 줄 모르겠소. 그게 다 돈인데 말이오. 어떤 사람은 괭이자루로 쓸 수 있을 것이고, 어떤 사람은 찜질방 장작으로 쓸 수 있을 텐데 말이오. 저걸 산에다 쌓아두면 결국은 다 썩지. 공무원들이 나라 살림 아까운 줄을 알아야지. 나라가 어디로 가려고 하는지……."

민원의 날을 하다 보면 대한민국 공무원들 참으로 욕을 많이도 먹는다. 나도 덩달아 아무 생각 없이 공직자들 비판에 끼어들 때도 있다. 물론 국회의원보다야 욕을 덜 먹겠지만 우리나라 사람들 둘만 모이면 대통령, 국회의원, 공무원 욕한다는 것 아는 사람은 알 것이다.

지난해 늦여름 태풍 곤파스는 서울 시내 산의 어지간한 나무들을 다 쓰러뜨렸다.

우리 집 바로 뒤에 있는 장수산도 예외가 아니어서 온갖 나무들이 뿌리째 뽑혔다. 쓰러진 것 중에서 쓸 만한 나무는 지지대를 대고 세웠지만, 대부분은 그 자리에서 베서 적당한 길이로 잘라 쌓아두었다. 이러한 나무 뭉치들이 산 군데군데 있었다.

구청 관계자에게 어찌 된 일인지 확인했다. 뭔 일이 바쁘다고 그런 일을 방치하느냐는 질책을 담아서 말이다.

"의원님, 정말 뭘 모르고 하시는 말씀입니다. 저게 돈 되는 게 아닙니다. 쓰러진 나무야 산책로를 막으니 그 자리에서 베어놓을 수밖에 없지만, 그 나무를 산 아래까지 끌고 내려오려면 엄청난 돈이 듭니다. 그 비용에 비하면 실제 쓸모는 거의 없어요. 주민들 중 간혹 본인들이 나무를 끌어다 쓰겠다는 경우가 있는데, 열이면 열 모두 포기하고 맙니다. 무슨 천하장사

▼ 태풍 곤파스로 쓰러진 나무들

▼ 태풍 피해 현장답사 때. 재미있는 포즈로 쓰러진 나무를 넘고 있는 사무국장의 모습

가 있어 한 몫에 나무 몇 둥치씩 끌어내리면 모를까 어림없는 소리입니다."

"그래도 산 곳곳에 저런 것을 쌓아두면 미관도 좋지 않을 텐데."

"그것도 잘 모르시는 말씀입니다. 저게 청설모, 다람쥐 등 작은 야생동물 서식지가 됩니다. 장수산에도 몇 십억 원 들여 생태통로육교를 놓지 않았습니까? 환경 전문가들과 상의해서 하는 일이니 걱정하지 마십시오."

"아이고, 죄송합니다. 전 그것도 모르고 민원인의 말만 듣고 여러분들을 타박했습니다. 나중에 소주 한잔 사겠습니다."

뭐 할 말이 없었다. 딱 걸린 것이었다. 제대로 알아보지도 않고 민원인이 그런다고, 남들이 다 한다고 나도 덮어놓고 공무원들 못 믿고 욕한 것이다. 이럴 때는 깨끗하게 사과하는 것이 최선이다.

사실 민원의 날을 진행하면서 구청 공무원들과 미운 정 고운 정이 많이 들었다. 직속상관도 아닌 것이 국회의원이랍시고 자신들 괴롭힌다는 소리도 들었다. 하긴 그렇기는 하다. 뭐 국회의원이 잘났다고 지휘 계통에 있지도 않으면서 자신들을 불러내서 호통을 친단 말인가.

하지만 민원의 날을 그만둘 수는 없다. 가끔이기는 하지만 고마워하는 공무원들도 계시기 때문이다. 구청에서 아무리 설명해도 막무가내인 민원인들이 우리 사무실에 다녀가시면 잠잠해지기도 한다는 것이다.

열심히 일하시는 공무원들에게 감사의 말씀을 전한다. 특히, 우리

지역처럼 어려운 동네일을 잘 봐주시는 공직자들에게는 더욱 감사
하다.

"그 종교 단체가 동네에 들어오면 집값 떨어진다니까요"

특정 종교 단체 입주 금지 민원 반쪽 해결

2010년 10월 23일 제7차 민원의 날. 정말순 씨 일행이 찾아오셨다. 신월1동 주민센터 바로 앞에 있는 다세대주택에 사시는 분이다.

그런데 이 주택가 바로 앞 남부순환도로에 면하고 있는 큰 부지 위에 일본계 종교 단체 본부가 들어온다니 이걸 막아 달라는 거였다. 구청 가서 아무리 시위해도 안 된다는 말만 들었다고 한다. 동네 전체가 난리가 났으니 국회의원이 무조건 해결하라는 것이다.

구청 관계자를 불러서 이것저것 알아봤다. 법적 하자가 없기 때문에 건축 허가를 내줄 수밖에 없다는 답변이 돌아왔다. 이번엔 중앙정부에 문의해봤다. 근데 이게 헌법의 문제, 즉 종교의 자유 문제란다.

"교회도 되고 성당도 되고 절도 되는데, 일본계 종교 단체는 안 된다고 할 수 없습니다. 의원님도 잘 아시다시피 종교의 자유는 헌법

▶ 정말순, 홍선애 씨와 민원을 상담하는 모습

에 명시된 것입니다. 전국 곳곳에서 이런 민원들이 들어오지만 답이 없습니다. 의원님도 적당하게 개입하셔야지 괜한 곤욕만 치를 겁니다."

오히려 정부 관계자가 나를 걱정해주었다. 그렇다고 손을 놓자니 동네가 난리가 났다는데 참으로 난감했다.

다른 지역에서 유사한 민원들이 있었는지, 혹시 주민이 원하는 방향으로 처리된 사례가 있는지 찾아봤다. 한 가지 방법이 있기는 했다. 끈질기게 주민이 민원을 제기하면 구청에서 건축 허가를 보류할 수 있다는 것이다.

통상 관청에서 건축 허가를 낼 때에는 주변 주민들의 의견을 수렴하는 절차를 거친다. 법령에 정해진 것이 아니라 해도 주민들의 재산상 손실이 확실해 보이면 허가를 보류할 수 있다.

해당 지역 구의원을 팀장으로 구청과 협상을 시작했다.

"주민들은 그 종교 단체가 들어오면 집값 떨어진다는 거예요."

"의원님, 주민들 주장은 아무런 근거가 없어요. 주민들 괜한 걱정을 가지고 공무원이 어떻게 법적으로 아무런 하자가 없는 시설에 허가를 내주지 않을 수 있겠습니까? 우리도 죽겠습니다. 의원님은 빠지시지요."

사정이 이러한지라 정면으로 돌파하기로 했다. 구의원이 그 종교 단체 관계자를 직접 만났다. 주민들의 뜻을 전달하니 선뜻 자신들 단체가 입주한 후 주변 시세가 떨어지면 객관적 자료에 의거하여 일부를 보상하겠다고 나섰다. 자신이 있다는 얘기였고, 그 만큼 사회적 편견 때문에 억울하다는 뜻이었다.

또한 건물 뒤편 이면도로 쪽으로 난 차량 진출입로 때문에 교통문제가 심각할 것이라는 주민의 우려에 대해서는, 비상시에만 사용하겠다고 약속했다.

게다가 밤새도록 종교 행사를 하면 동네가 시끄러워서 못 살 거라는 주민들의 걱정에는, 자신들 단체는 밤 9시 이전에 행사가 다 끝난다며 사실을 정확히 알면서 걱정하시라 억울해했다.

주민 대표들에게 협상 내용을 말씀드렸더니, 그래도 그런 것을 해결해 내야지 진짜 '민원의 날' 하는 것 아니냐며 못내 서운해들 하셨다.

이런 민원은 님비 현상까지는 아니지만, 참 어려운 종류의 민원 중

하나다. 하지만 대한민국은 종교의 자유가 있는 나라가 아닌가. 무
릇 종교가 지역 주민들에게 사랑을 베푼다면 세(勢)를 확장할 것이
고, 피해를 끼친다면 자연히 세가 축소될 일이다.

제3장

그놈의 돈, 돈, 돈

힘없고 빽 없는 우리 서민들…
눈 깜짝할 새 코 베어 가는 이 세상에,
그들의 돈, 누가 지켜줄까요.

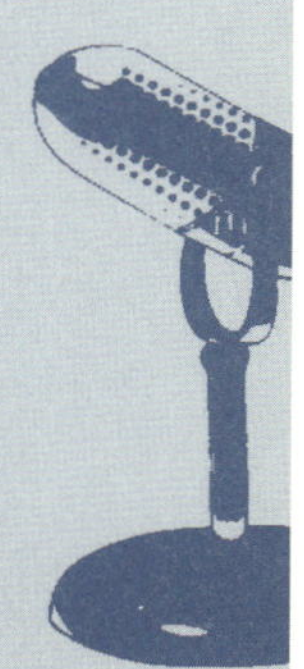

"정 판사 미안해, 오늘이 민원의 날이라서……"

 기초생활수급자 지위 회복 민원 해결

 2011년 8월 13일 제26차 민원의 날. 올해 예순아홉 살인 박순자(가명) 씨가 찾아오셨다.

기초생활수급자인데 갑자기 지원금이 확 줄었다는 것이다. 확인 결과 자식 중 한 명이 세금을 내는 수입(우리 동네에서는 수입이라도 세금을 내느냐 여부가 매우 중요하다)을 올린 사실이 확인되어 그 비율에 맞춰 수급액이 깎인 것이다.

여기까지 사연을 보면, 민원의 날에 다반사로 겪는 일이고 간혹 언론에도 보도되는 그 양상이다. 안타깝지만 어떻게 손을 쓸 수 없는 일이다.

"예? 할머니 자식이 아니라고요? 그런데 어떻게 할머니 호적에 올라 있어요?"

"얘기하자면 길지. 내가 첫딸을 낳고 5년 만에 쫓겨났으니, 지금으로부터 도대체 몇 년 전 일이여?”

박 할머니는 50년 전 결혼한 지 얼마 안 돼 첫딸을 낳았다. 그리고 딸아이가 다섯 살이 되던 해 홀몸으로 집 밖으로 쫓겨났다. 남편은 얼마 안 되어 다른 여자를 집 안으로 들였고 자식 둘을 더 낳았다. 박 할머니는 세상천지 어디에도 기댈 곳 없이 혼자 몸으로 살아오셨다.

여기서부터 드물지만 간혹 민원의 날에만 접할 수 있는 기막힌 사연이 시작된다. 박 할머니는 평생 혼자 살면서도 이혼을 하지 않은 상태였다. 박 할머니 남편은 그 후에 들인 여자와 혼인 관계가 아닌 상태로 자식 둘을 낳아 길렀던 것이다. 그리고 할아버지는 사망했다. 자동적으로 박 할머니가 낳은 첫딸과 피 한 방울 섞이지 않은 배다른 자식 둘이 할머니 호적으로 올라버렸다.

할머니는 첫딸과는 몇 년에 한 번 연락을 했지만, 배다른 자식 둘은 생전 보지도 못한 사이였다.

추측건대, 첫딸 아니면 배다른 자식 둘 중의 누군가 최근에 세금을 내는 수입이 생겼고, 이게 행정전상망에 잡힌 것이다. 박 할머니는 기초생활수급자 지위가 박탈되면 그야말로 살 길이 막막해질 수밖에 없다. 친자인 첫딸과의 호적 관계 정리는 법적으로 불가능하다. 만약 첫딸이 수입을 올린 것이라면 정말로 막막하다. 그러나 박 할머니는 첫딸이 결혼을 했지만 장애인과 결혼했고 세금을 내지 않는 노점 상인으로 살아간다고 했다.

그렇다면 배다른 자식 둘과의 법적 관계를 끊을 수 있을 것인가.

“정 판사, 쉬는 날인데 매번 미안하이. 오늘이 민원의 날이 되어서 말이야."

"형님, 괜찮아요. 근데 집이라 애들 때문에 조금 시끄러울 텐데."

"하이고, 우리 조카들 잘 크나? 나야 감지덕지지. 근데 오늘 문의할 게 말야."

민원의 날에 접수되는 민원 중에는 법률 문제가 제법 있다. 자칫 잘못 안내했다간 소송에서 질 수가 있어 꼼꼼하게 법률 자문을 받아 상세하게 알려 드려야 한다.

정 판사는 내가 제일로 좋아하는 후배다. 시도 때도 없이 전화해도 늘 친절하게 답변해준다. 정 판사의 가장 좋은 점은 나처럼 비전문가도 알아듣기 쉽게 법률 문제를 풀어서 얘기해준다는 것이다. 이래야 내가 민원인에게 제대로 알려줄 수 있기 때문이다.

제1차 민원의 날부터 박 할머니께서 오신 제26차 민원의 날까지 기록해놓은 민원철 주민들의 다양한 사연들로 채워진 말 그대로 '대서사시' 다. ◤

　박 할머니의 경우, 가정법원에 '친생자관계 부존재확인의 소'라는 도저히 알아먹을 수 없는 재판을 청구해야 한다. 소장을 써야 하는데 이는 법률구조공단에서 무료로 해준다.

　민원인의 상당수가 재판하면 무조건 돈이 들어갈 것이라 지레짐작한다. 맞는 말이기도 하고, 틀린 말이기도 하다. 문제는 돈이 들어가지 않는 길을 찾는 게 쉽지 않다는 것이다. 하기야 '친생자관계 부존재확인의 소'라는 명칭도 처음 듣는 판에 무슨 수로 소장을 쓸 것이며, 법률구조공단이 뭐하는 곳인지 알 게 뭐란 말인가.

　아무튼 박 할머니는 약 3개월 정도 소요되는 재판을 통해 승소를 하게 되면(승소 확률도 알아봐줘야 하는데, 이 경우 거의 이길 수 있다고 한다), 호적 정리를 한 후 주민센터에 기초수급자 지위 회복을 신청하면 절차는 마무리된다.

　법률구조공단에 아는 사람을 통해 박 할머니가 가시면 소장을 꾸며주기로 하였고, 가정법원 민원실에도 연락해두었다.

　재판이 끝나고 우리 사무실에 연락만 해주면 해당 지역구 구의원이 주민센터를 통해 지위 회복 절차를 도와주기로 계획했다.

　법원이나 검찰 그리고 법률구조공단 민원실에 가보시라. 억울한 일이 있으면 돈이 없어도 법의 도움을 받을 수 있다.

　끝으로, 법조계에 있는 분들에게 제발 부탁드린다. 정 판사처럼 좀 일반 사람들도 알아듣기 쉽게 법을 풀어서 얘기해주세요. 고맙습니다.

"돈도 돈이지만
차별대우가 문제라니까요"

 부분경정비조합 도로점용료 민원 해결

2010년 7월 31일 제1차 민원의 날. 양천구 경정비조합 임원진(회장 김진만)이 찾아오셨다.

경정비조합은 동네 작은 카센터들이 자신들의 이익과 권리를 도모하고자 '카포스(capos)' 브랜드를 내세워 운영하는 전국 조직이다. 우리 지역에만 해도 수십 개의 카포스 센터가 있다. 나로서는 큰 민원인이 아닐 수 없었다. 회장, 부회장, 총무 등 임원진 거의 전체가 총출동하였다.

"뭐, 우리를 '졸'로 보는 거 아닙니까?"

"설마요. 피치 못할 사정이 있는 것이겠죠."

"돈도 돈이지만, 차별대우가 더 문제라니까요. 아니 의원님 같으면 열 안 받겠습니까? 이번에 시정이 안 되면 우리도 실력 행사를 하든 뭐라도 해야지, 가만 있으니까 진짜 가마니 취급 하는 것 아니겠

▼ 양천구 카포스 김진만 지회장의 당당한 모습

어요?"

  대부분 차량 정비 점포는 차도에서 인도를 거쳐 진출입하는 구조를 갖고 있다. 따라서 차량이 인도를 거치는 비용, 즉 점유 비용을 세금(도로 점용료)으로 내어야 한다. 이는 필요에 따라 점포 물건을 인도에 쌓아놓는 것과는 다른 것이다. 구조 자체로 인해 소정의 세금을 부과한다. 경정비조합은 도로점용료 요율 체계가 부당하다는 것이었다.

  "아니 김 회장님, 그럼 이게 우리 양천구 문제뿐만 아니겠네요?"

  "그럼요. 이 문제는 전국에 있는 우리 카포스 식구들 전체 문제예요. 사실 오늘 여기 찾아올 때 전국 경정비조합 임원진에게 보고하고 왔습니다. 전국 수만 명의 카포스 식구들이 지켜보고 있습니다."

갑자기 머리가 아프기 시작하면서, 온몸에 긴장감이 흘렀다. 서울 서쪽 끝 양천을 지역에서 주민들의 민원을 듣고자 시작한 민원의 날이 카포스처럼 큰 전국 조직의 현안을 다루게 될 줄이야, 그것도 시작한 첫날에.

점용료 요율 체계는 분명 문제가 있었다. 차도에서 인도로 진출입하는 점포의 가짓수는 무척 많다. 카센터, 식당, 호텔, 여관, 주유소, 상업용 오피스텔, 아파트형 공장 등. 이런 다양한 점포를 몇 가지 카테고리로 묶어 일괄적으로 세금을 부과하는 방식이다.

문제는 카포스처럼 작은 카센터와 같은 요율을 적용 받는 카테고리 안에 주유소, 세차장, 여관 등이 들어 있다는 것이다. 금방 생각해 봐도 카포스가 하루에 몇 대의 차를 정비할 수 있을지는 뻔한 사실이었다. 점포 규모에 따라 다르기는 하겠지만 기껏 하루에 열 대 남짓일 것이다. 그런데 주유소는 하루에도 수백 대의 차들이 진출입하면서 기름을 넣어야 수지가 맞을 것이었다.

"솔직히 웬만한 여관들 보세요. 낮에도 수십 대의 차들이 들락거려요. 여관을 밤에 안 가고 낮에 왜 가는지는 몰라도 말입니다."

나도 왜 낮에 여관에 차량들이 들락거리는지는 몰라도, 김 회장의 불만에는 충분한 이유가 있어 보였다.

점용료를 부과하는 구청 관계 부서에 그 이유를 물어보았다. 구청의 답변은 지극히 간단했다. '우리는 요금 체계를 모른다, 서울시에서 정해주는 대로 부과할 뿐이다' 는 것이다.

서울시의 관계 부서에 다시 문의했다. 서울시의 답변은 더 간단했다. 국토해양부 지침에 그리 나와 있다는 것이다.

국토해양부 관계 부서에 또다시 문의했다. 도로법 시행령에 기준이 그렇게 정해져 있기 때문에 어쩔 수 없다는 답변이 돌아왔다.

이래서 관계기관대책회의가 필요하다. 바로 국토해양부, 서울시, 양천구청 관계자들이 참석하는 회의를 소집했다.

나는 민원인의 불만이 지극히 당연하니 합리적으로 조정해 달라고 요청했다. 그러나 국토해양부의 입장은 의외로 완강했다. 한번 손대기 시작하면 이곳저곳에서 요구가 밀려들어 체계 자체가 무너질 수밖에 없는바 결코 받아들일 수 없다고 버티었다. 사실 회의 초반만 해도 나는 경정비업체 민원만 해결하면 되니 해당 항목만 조정하자는 입장이었다. 그러나 회의가 계속될수록 내 스스로 화가 치미는 것을 어쩌지 못했다.

"아니, 체계가 무너질까 봐 명백한 잘못을 바로잡지 않는단 말입니까? 그럼, 점포 유형 하나하나 다시 분석해서 카테고리를 더 만들면 되지 않습니까? 그렇게 해야 세금을 내는 사람도 납득을 하지, 이래서야 어디 납세 저항이 없을 수 있겠습니까? 이런 걸 하라고 국민이 세금 내고 공무원들 월급 주고 신분 보장하는 것 아니에요?"

언필칭 법률을 만드는 국회의원이 하위 법률인 시행령 한 조항을 고치는 데 중앙정부의 블로킹에 걸려 꼼짝도 하지 못하는 게 말이 되는가? 그러나 오기로 될 일이 아니었다. 정부의 방어 태세는 철통같았다.

회의에 회의를 거듭하면서 일단 경정비업체의 요율을 인하하고 카테고리를 더 세분하여 경정비업체의 카테고리를 합리적으로 조정하는 것을 추후 과제로 넘기기로 하였다.

사실 인하된 점용료는 그리 크지 않다. 그러나 경정비업체의 반응은 의외로 대환영이었다. 돈도 돈이지만 차별대우가 문제라는 말이 실감났다. 몇 억 몇 십억 손해 나서 국가를 상대로 소송하는 경우도 있지만, 이렇게 실무적으로 세심하게 살펴만 주면 풀릴 것을 행정 편의적으로 대처하다 당사자에게 엄청난 상실감을 주는 것이 얼마나 많을까.

게다가 뺑뺑이는 어떠한가. 국회의원인 나도 열 받는데, 여기 가면 저리 가라, 저기 가면 그리 가라는 경우가 또 얼마나 많을 것인가.

얼마 후 김진만 회장과 임원진으로부터 과도한 환대를 받았다. 양천구가 전국을 대표하여 숙원 사업을 해결하였으니 자신들 체면이 확실히 섰다는 것이다. 전국 카포스연합회 총회에도 외빈으로 초청을 받았다. 동네에서 시작한 민원의 날이 전국에 영향을 미친 사례였다.

 불법건축물주조 항측 적발 이행강제금 처리 민원

 2010년 8월 28일 제3차 민원의 날. 차순자 씨가 찾아오셨다. 그 후로 같은 종류의 민원이 물밀듯이 들이닥쳤다.

항측. 불법건조물주조를 항공 촬영을 통해 적발하고 이를 적기에 시정 조치하지 않을 경우 이행강제금을 부과하는 것이다. 그야말로 민원의 날이 항측 민원에 파묻혔다.

우리나라에서 건축물을 지으려면 허가를 받아야 한다. 다양한 형태의 규제가 존재하기에 대지 얼마에 건평 얼마 이런 식으로 사전 허가를 받는데, 설계 도면을 해당 관청에 제출해야 한다. 건축이 완료되면 허가된 대로 건축되었는지 검사하고 준공검사필을 떼어준다.

살아가면서 이런저런 목적으로 건축물을 개조하게 되는데, 건물 평수를 늘리는 형태의 개조는 불법이다. 이게 바로 불법건축물주조이다.

불법건축물을 어떻게 적발해낼까. 예전에는 주민의 고발과 관계 공무원의 적발 두 가지 방식이 있었다. 그런데 공무원의 적발 방식에 부정 연루 사례가 늘어나면서 이를 없애고 새로운 기법을 도입하였으니, 이게 바로 항측이다.

정기적으로 항공촬영을 통해 불법건축물주조 의심 건물을 찾아내고, 이에 의거하여 공무원이 현장 조사를 통해 위반 사실을 확정한다. 위반 부분에 대한 시정 조치 기한을 정해준 다음 이에 응하지 않을 경우 이행강제금을 물리는 것이다. 이행강제금은 위반 부분에 대한 시정 조치가 없으면 매년 계속 부과된다.

2010년 기준 양천구에만 항측으로 약 2,500여 건이 적발되었고, 현장 조사를 통해 약 1,800여 건의 이행강제금이 부과되었다. 이행강제금은 위반 면적에 따라 달라진다. 몇 십만 원에서부터 몇 백만 원, 심할 때는 몇 천만 원까지 부과된다.

불법건축물주조를 둘러싼 논란은 생각보다는 복잡하다. 우선 건물 전체를 바꾸는 개조가 아닐 바에야 부분 개조에 대해 왜 국가가 간섭하느냐는 것이다. 이 문제는 결국 규제의 문제와 연결되어 있다. 고도 제한 규제, 경관 규제를 비롯하여 특정 지역에는 건폐율과 용적율이 몇 퍼센트 이상을 넘을 수 없다는 종 규제 등 건축법상, 도시계획법상 다양한 형태의 법적 규제가 존재한다.

사실 개인의 재산권을 국가가 과도하게 제한한다는 논란이 있지만 공공의 이익을 위해 규제가 필요하다는 논리가 우선한다. 만약에 이런 규제가 없다면 개인의 입장에서는 보다 좁은 대지 위에 보다 넓은 건평을 확보하려 들 것인바, 이 경우 성냥이 가득한 성냥갑처럼 도시 전체가 온통 건물로 가득 찰 것이다. 이러면 도시 기능 전체가 마비될 수밖에 없다. 터무니없는 규제도 있지만 필요한 규제도 있음을 부인할 수 없다.

"18년 전에 이사 왔어요. 아무런 이상 없이 살았는데 갑자기 베란다가 불법 증축된 것이래요. 우리는 이사 와서 손 하나 댄 것이 없어요. 이렇게 좁은 집에서 베란다를 없앤다면 어떻게 살란 말이에요? 게다가 베란다를 없앤다는 게 가능하기나 한가요? 우리 같은 서민이 이 작은 베란다 때문에 매년 60~70만 원씩 벌금을 내고 어떻게 살 수가 있습니까?"

차순자 씨는 다세대 빌라의 맨 꼭대기 5층에 살고 있었다. 반지하 포함 5층 빌라에는 열 세대가 살았다. 그런데 5층 두 세대가 항측에 적발된 것이다. 베란다라 해봤자 세탁기 놓고 천장에 매단 빨래거치대와 몇 가지 잡동사니를 쌓아놓은 2평 남짓한 넓이였다.

상식적으로 같은 빌라의 다른 층 세대 베란다는 괜찮고 어떻게 5층만 문제가 되는지 이해가 되질 않았다. 만약 5층만 잡혔다면 이는 더 큰 문제가 아니겠는가.

조사에 조사를 거듭하면서 우리는 경천동지할 비밀을 발견했다. 물론 동네 아실 만한 분들이나 전국의 건축업자들은 다 아는 공공연한 비밀이었지만 말이다.

설계 단계에서 용적율 규제에 맞춘 설계도를 관청에 제출하여 허가를 받는다. 이때 설계도에는 맨 꼭대기 5층 베란다가 빠져 있다.

즉 5층 베란다 면적만큼의 용적율을 1층부터 4층까지의 세대 면적을 늘리는 데 사용한다. 공사를 마무리한 다음에 준공 검사를 받는다. 당연히 설계도대로 공사했으니 검사는 무사통과다.

준공검사필증을 받자마자 건축업자는 5층에 베란다 공사를 시작한다. 4층 베란다 위에 벽돌로 외벽과 슬라브를 쳐서 내부를 베란다로 꾸미면 1층부터 5층까지 똑같은 규격의 베란다를 가진 건물로 둔갑한다.

◤ 차순자 씨가 사시는 다세대빌라 5층. 이 공간이 바로 항측으로 걸린 문제의 베란다이다.

이렇게 건물을 개조한 후 건축업자는 분양을 한다. 조금 양심적인 업자는 5층 세대 분양 시 베란다가 등기부상 빌라 면적에서 빠진다는 것을 고지하고 다른 층보다 싸게 내놓는다. 그러나 양심에 문제가 있는 업자는 아무런 표시도 고지도 없이 다른 층과 똑같이 분양을 한다.

물론 구입 전에 등기부 등본을 세밀하게 본 사람이면 사려고 하는 5층 세대가 다른 층보다 면적이 적다는 것을 알 수 있다. 문제는 이런 사실을 모르고 구입한 사람도 있다는 것이다.

차순자 씨와 비슷하거나 아예 똑같은 경우의 민원들이 쏟아져 들

어왔다. 양천구 관계자들에게 문의했더니 자신들도 죽을 지경이란
다. 서울시에서 항측 자료를 보내오면 자신들은 단지 현장 조사를
할 뿐인데, 현장에 나가면 주민들에게 거의 멱살을 잡힐 정도로 괴
로움을 당한다는 것이다.

"만약 현장 조사에서 조금이라도 사정을 봐주면 우리는 바로 징계
받습니다. 그렇지 않겠습니까? 주민에게 뭐 돈 받고 봐준 것 아니냐,
이렇게 몰리는 것이지요. 그래서 더 엄격하게 할 수밖에 없습니다."

국토해양부, 서울시, 양천구 관계자들이 참석하는 관계기관 대책
회의를 소집했다. 다른 것은 몰라도 이런 경우는 너무 억울한 것 아
니냐, 방법을 찾아봐야 하지 않겠느냐고 읍소하고 한편으로는 압박
했다. 그러나 답을 찾을 수 없었다. 법이 그러하니 안 되고, 형평성
때문에 더욱이 안 된다는 것이다.

예외가 있기는 했다. 전두환 정부와 노무현 정부 시절 두 차례에
걸쳐 옥탑방에 대한 양성화 조치를 취한 적이 있었다. 예전에는 다
세대 주택의 경우 옥상에 물탱크를 설치했다. 각 세대에 들어가는
수돗물의 압력이 약해 건물 옥상에 물탱크를 설치, 물을 모았다가
각 세대로 내려 보내주는 방식이었다.

그러나 물탱크 방식은 구조상 위생 상태가 좋지 않았다. 그리고 고
성능 펌프 보급이 일상화되면서 물탱크를 없애는 건물이 늘어났다.
문제는 물탱크를 놓았던 창고를 개조하여 방으로 만드는 집들이 우
후죽순으로 생겨났고, 아예 건물을 지을 때 이를 악용하여 물탱크
창고로 허가 받고 나서 준공 검사 후 방으로 개조하는 일들이 다반

사로 생겨난 것이다. 전국적으로 위법 사례 적발과 이에 저항하는 건물주 간의 분쟁이 격화하자, 정부가 한시적으로 이를 양성화하는 조치를 취했던 것이다.

문제는 차순자 씨의 경우와 같은 건물에는 이 양성화 조치가 해당되지 않았을 뿐만 아니라 이미 그 시기도 지나버렸다는 것이다.

백방으로 차선책을 찾았다. 의외로 쉽게 답이 나왔다. 이미 이를 해결할 법이 존재하고 있었다. 국민주택 규모인 85제곱미터 이하 집의 위법 사례에 대해서는 5년간 이행강제금을 납부하면 이를 인정해주었다. 부랴부랴 이 법을 통해 쌓인 민원을 해결하려 들었다.

바로 그때 정말 황당한 사실과 직면했다. 국민주택 규모에 대한 규정 문제였다. 국민주택 규모라 함은 건물 전체를 의미했다. 그렇다면 5층짜리 다세대 빌라는 어떻게 되는가. 바로 열 세대 전체 면적을 의미했다. 다세대 빌라 5층에 위치한 한 세대 면적이 국민주택 규모 이하라 해도 다세대 빌라 전체 면적이 이를 초과하면 아무런 쓸모가 없는 법인 것이다.

삼척동자라도 이게 무슨 법인가 싶을 것이다. 바로 책상머리 행정, 현장을 전혀 모르는 입법이었음을 알 수 있었다.

"아니, 이런 법이 어디 있습니까? 진짜 이러니까 이런 법이 어디 있느냐는 소리가 나오는 것 아닙니까?"

상황은 완전히 역전되었다. 완강했던 정부 관계자도 이 법의 한계와 미비점을 인정했다. 국회의원의 권능을 동원했다.

"해당 상임위원은 아니지만, 건축법 개정안을 발의하겠습니다. 국회의원의 입법권이 바로 이런 것 아닙니까?"

2011년 3월 18일, 건축법 일부개정법률안을 국회에 제출했다. 그 내용은 다음과 같았다.

① 불법건축물 이행강제금 완화 대상 건물을 현행 연면적 85제곱 미터에서 109제곱미터로 바꾼다.

② 완화 대상 건물의 규정을 현행 건물 전체에서 위반 부분이 있는 세대로 바꾼다.

③ 이행강제금을 납부할 시 양성화시키는 기간을 현행 5년에서 3 년으로 바꾼다.

④ 이행강제금 액수를 현행의 2분의 1로 바꾼다.

개정안을 제출하고 보니, 이와 유사한 개정안들이 이번 제18대 국회에서도 많이 올라와 있었다. 항측 문제는 전국의 국회의원들이 다 골치를 썩이고 있는 사안임을 한눈에 짐작할 수 있었다. 다만 전두환 정부, 노무현 정부 때처럼 일괄적으로 3차 양성화 조치를 하자는 게 전부였다.

항측 관련 민원의 또 다른 양상이 있다. 바로 내 집은 걸렸는데, 왜 똑같이 위반한 옆집은 안 걸렸냐는 것이다. 공무원이 단속할 때보다 부정의 소지가 줄어들기는 했지만 바로 이 부분 때문에 현장에서는 다툼이 끊이질 않는다. 관계자들은 항공 촬영이라고 해서 무조건 다 불법건축물을 잡아낼 수 없다고 하소연한다.

또 하나는 작년에는 안 걸렸는데, 아니 지금까지 안 걸렸는데 왜 이제야 걸렸냐는 민원이다. 이 또한 현장에서 큰 다툼이 있는 사안인데, 기술적 결함이라 하지 않을 수 없다.

항측 민원과 관련하여 가장 황당한 케이스는 뭐니 뭐니 해도 박명순(가명) 할머니였다. 민원의 날에 찾아와서 밑도 끝도 없이 소리를 치셨다. 항측에 걸렸는데 딴소리할 것 없고 무조건 자기 집으로 와서 눈으로 보고 해결하라는 것이었다. 어쩌겠나. 다음 날 구의원, 지역 사무소 직원과 함께 할머니 댁으로 찾아갔다. 반지하에는 3세대가 세를 들어 살고 있었고, 2층은 아들네가 살았으며, 할머니는 3층에 살고 계시는 집주인이었다. 우리 동네 형편에서는 잘사는 집에 속했다.

옥상에 옥탑방을 지었는데 양성화 조치를 받은 이후 방 옆에 부엌과 화장실을 만들기 위해 증축을 했고, 이것이 항측에 걸렸던 것이다.

"이봐 젊은 국회의원 양반, 저 옆집 있지? 거기도 우리 집과 똑같이 불법이야. 저 집도, 또 저 집도, 또 저 집도. 그런데 왜 나만 걸린 거야?"

"할머니, 속상하시겠지만 저라고 어쩌겠어요?"

"저기 골목에 차 세워진 거 보이지? 그거 불법 주차야. 저기 보이는 가게 앞에 쌓아놓은 짐, 다 불법이야. 텔레비전 보니까 장관이고 국회의원이고 다 이런저런 불법 저지르대. 다른 말 필요없어. 저 옆집 다 벌금 멕이고, 저 차 주차 딱지 붙이고, 저 가게 벌금 때리고, 장관 국회의원들 감옥 보내면 내가 우리 집 벌금 낼 거야. 민원의 날 한다고 했지? 그럼, 그걸 해결해. 그때 벌금 낼 테니까."

▼ 박명순 할머니가 지적한 불법건물주조 사진

할머니 집 대문을 나서면서 내 마음속에서는 오만 가지 생각이 교차했다.

'허이구, 내가 지금 무슨 짓을 하고 있는 거야? 이런 소리 들으면서까지 국회의원을 해야 하나?'

'아니다. 할머니 말씀에 틀린 게 있나? 세상이 그러한데, 네가 무슨 통뼈라고 세상을 다 바꾸려고 해?'

그날 점심, 구의원, 지역 사무소 직원과 함께 거하게 낮술을 했다.

"우리 천팔백 명다 죽습니다, 끝장이라구요"

2010년 9월 4일 제4차 민원의 날. 뉴타운 1-1지구 평 조합원 열한 분이 찾아오셨다. 이후 장장 3개월간 정치 인생에서 가장 큰 위기의 수렁을 허우적댔다.

신정-신월 뉴타운은 4개의 사업 지구로 나뉘어져 있다. 이주 단지로 조성된 신월6동, 신정3동 일대는 도시로서 기능이 저하된 지 오래였기에 2003년 뉴타운 지구로 지정되자마자 천지가 개벽할 것같이 동네 전체가 흥분의 도가니 속으로 빠져들었다.

1-1지구는 2006년 재개발조합이 정식으로 설립되었다. 약 천여 명의 조합원으로 시작한 재개발조합은 점점 덩치를 불려가면서 1,800여 명의 제법 규모가 큰 사업 단위가 되었다. 그러나 뉴타운 자체의 모순뿐만 아니라 바로 이 덩치를 불리면서 잉태된 불행의 씨앗들이 결국 1-1지구 조합을 오도 가도 못하는 벼랑 끝으로 몰았다.

"2006년 조합이 설립된다고 했을 때, 조합 간부들하고 시공사에서 뭐라 했냐면 2억 1천만 원이면 27평 아파트를 받을 수 있다고 했죠. 그래서들 조합 설립에 다 동의했던 것이지요. 그때 계산해보니 지금 살고 있는 집을 감정 평가 받고 거기다 얼마 대출 받으면 새집 받을 수 있겠구나 생각했죠. 뭐 대출 받은 것 부담되면 새집 받은 것 팔아서 갚아도 충분히 이익 보지 않을까, 다들 그리 생각했습니다."

"아니 그런데, 마른하늘에 날벼락도 유분수지 세상에 이럴수가……. 관리처분이 임박한 이제 와서 한다는 소리가 27평 받으려면 4억 5,000만 원을 내야 한다는 거예요. 지금이 2010년도니까 조합을 설립한 지 4년이 지나긴 했지요. 그러나 물가가 올랐다 해도 4년 사이에 118%가 올랐다는 게 말이나 되는 소리입니까?"

"그 돈 내고는 못 사니 조합에서 탈퇴하겠다고 하니까, 할 수 없다는 거예요. 지금까지 4년간 사업 진행하느라 들어간 비용 때문에 불가능하답니다. 지금 살고 있는 집을 조합에 팔고 나가래요. 그냥 눌러살겠다고 하니 법으로 강제로 쫓아낼 거랍니다. 문제는 감정 평가 받은 돈으로는 어디 가서 제대로 된 집을 구할 수가 없다는 것입니다."

"조합 간부들하고 시공사하고 정비업자하고 철거업자하고 짜고서 우리를 죽이려고 작정했습니다. 그간 조합 간부들은 평조합원이 이것저것 따지고 들면 덮어놓고 고발해서 전과자 만들었어요. 완전 독재도 그런 독재가 없었습니다. 그러더니 결국 우리를 전부 알거지 만든 거예요. 이제 우리는 거리로 나앉아 죽는 수밖에 없습니다."

도대체 뉴타운 사업은 무엇이며, 1-1지구에서는 어떤 일이 벌어졌던 것일까?

뉴타운 사업은 도시 기능을 상실한 불량 노후 주택지에 대해 주택 재건축뿐만 아니라 도시 기반 시설을 새롭게 조성하는 도시 재정비 사업의 일환이다. 주민은 자신의 노후 불량주택과 일부 부담금을 내놓는다. 서울시는 주민의 부담금 일부에 서울시 재정을 합해 도시 기반 시설을 다시 조성한다.

주민으로서는 부담금이 부담이 되지만 새로 조성된 새 아파트를 받을 뿐만 아니라 공원, 도로 등 주변 환경이 좋아져 이익이 될 것이라는 기대를 한다. 서울시로서는 어차피 낡은 도시 기반 시설은 재정으로 조성해주어야 하는데, 주민의 부담금을 받을 수 있기에 나쁘지 않다고 판단한다.

외견상 내용이 이렇다 보니 서울 곳곳에서는 뉴타운으로 지정 받기 위해 그야말로 난리가 났다. 주민은 물론 기초지자체장과 국회의원, 시의원, 구의원까지 온갖 수단을 동원하여 뉴타운 유치에 사활을 걸었다.

그러나 뉴타운 사업은 다음의 3가지 암초를 전혀 예상치 못했다. 이를 입안하는 서울시도, 이를 유치하기 위해 노력했던 주민들도 말이다.

첫째, 뉴타운 사업이 재앙을 맞게 된 가장 큰 원인은 바로 부동산 시장 침체다. 여러 요인으로 인해 조합원의 분담금은 늘어났다. 조합원들 입장에서는 부동산 시장이 활황이었기 때문에 자신의 분담금(낡은 주택 감정평가액+부담금)과 비교하였을 경우 주변 여건이 좋은 새로운 뉴타운 아파트를 갖는 것이 훨씬 이득이 될 것으로 기대했다. 하지만 2008년 글로벌 금융위기가 터지고 국내 부동산 시장이 끝모를 침체에 빠지면서 자신이 내야 할 분담금과 뉴타운 아파트 값 사이에 역전 현상이 벌어졌다. 졸지에 뉴타운 조합원이 빚더미에 오르게 된 것이다.

둘째, 세계적으로 원자재 가격이 급등하였다. 2007년부터 거의 대부분의 원자재 가격이 오르기 시작하더니 2008년에 들어서자 걷잡을 수 없을 정도의 가격 폭등이 전 세계를 강타했다. 원래 건설이라는 것이 몇 년에 걸쳐 이루어지기 때문에 그사이의 물가 상승률이 원가에 반영되기 마련이다. 세계적인 원자재 가격 폭등은 뉴타운 사업 원가를 대폭 올리는 재앙이 되고 말았다.

셋째, 누구도 무너뜨릴 수 없는 '도시 기본 계획'과 이를 넘어서려는 '뉴타운사업 논리'와 충돌이 있었다. 도시 기본 계획의 핵심은 '기계적 평등'이다. 도시 기능이 과포화되는 것을 막기 위해 도시 전체 차원에서 지역별로 용적율, 고도 제한 등의 규제를 차등 적용하는 기본 계획을 수립한다. 이 규제가 한번 흔들리면 국민의 재산권을 왜 정부가 과도하게 규제하느냐는 시비에 휘말리고, 이 경우 도시 행정 자체에 대한 존립 근거가 무너지게 된다. 특정 지역의 사정상 규제를 완화해주면 다른 지역, 다른 사업 지구 주민들이 가만히 있을 리가 없다.

뉴타운 사업은 아파트를 좋게 짓는 것뿐 아니라 주변 환경을 좋게

민원의 날 지역 사무소를 가득 메운 1-1지구 조합원 여러분 ◥

만드는 것이 사업 성공의 관건이다. 보다 넓은 지구에 걸쳐 사업을 해야 수익성이 좋아진다. 따라서 지정된 사업 지구 이외 인근 노후 주택지를 조금이라도 뉴타운 지구로 포함시키기 위해 노력한다. '도시 기본 계획' 과 '뉴타운 사업 논리' 와의 충돌이다.

이를 해결하기 위해 도입된 제도가 '촉진 지구 지정' 이었다. 즉 노후도 등의 조건이 맞지 않아 기존 뉴타운 지구에 포함되지 못한 노후 주택지라 할지라도 공공의 이익을 위해 공공 부담금을 내놓을 경우 뉴타운 지구로 포함시켜주는 것이다. 서울시로서는 공공 부담금을 거두어 도시 기본 계획의 목적상 공공의 목적을 달성할 수 있고, 조합은 보다 넓은 사업 지구를 확보하여 넓은 단지를 조성하고 이 경우 충분히 이익이 될 것이라 생각했다.

바로 이 생각이 또 다른 재앙으로 이어졌다. 사업 지구가 넓어져 수익성이 개선된 것보다, 추가로 부담해야 할 공공 부담금이 훨씬 더 컸던 것이다.

평조합원 분들은 민원의 날을 할 때마다 몰려왔다. 한번 올 때마다 수십 명씩 단체로 오셨다. 민원의 날이 마비될 지경이었다. 민원의 날이 없는 평일에도 수시로 오셨다.

늘 오셨던 분만 아니라 팔십 노인부터 갓난쟁이를 안은 새댁까지, 점잖으신 고등학교 교사부터 평생 생선 좌판 행상을 한 아주머니까지 온갖 부류의 분들이 들이닥쳤다.

1-1지구 문제에 대해 우리 동네 국회의원이 개입하기 시작했다고 소문이 나자, 그간 그 안에서 곪고 곪았던 모든 문제들과 그에 얽힌 사연들을 안고서 사람들이 모여들었다.

▼ 1-1지구 내 종교 부지 문제를 상의하러 오신 신준식 목사 일행

"조합장 선출 때 얼마나 비리가 많았는 줄 아세요? 제가 그것을 문제 삼았더니 곧바로 조합에서 저를 고발해버리더라고요. 평생 법 없이도 살던 제가 지금 전과가 2범이에요, 2범."

"철거업자들 있잖아요? 조합 간부들하고 짜고 철거 연면적을 속여 얼마나 많은 돈을 해먹었는지 몰라요. 제가 재판을 몇 번 걸었는데요, 세상이 다 썩었어요. 검사라는 사람이 오히려 문제를 제기한 저에게 잘못이 있다고 저를 허위사실 유포와 명예훼손죄로 처벌하는 거예요. 이게 말이나 됩니까?"

"조합 간부들은 정비업자와 시공사로부터 월급 받아가면서 그야말로 호화판으로 살지요. 평조합원 중에서 뭐라 찍소리만 해도 바로 고발해버립니다. 심지어는 불만 있는 사람들은 깡패들을 시켜 미행도 시킨다니까요."

도대체 어디까지가 사실이고, 어디까지가 거짓인지 알 수가 없었다. 법원 판결을 받은 사안에 대해서도 완전 엉터리라고 주장했다. 검사도 판사도 서울시나 양천구 공무원도 조합과 정비업체, 시공사로부터 다 매수당했다고 주장하는 사람들에게 둘러싸여 난 완전 고립무원이 되었다.

한 달 넘게 자료를 검토하고 사실 관계를 확인하였다. 재개발 문제에 식견이 있었던 사무국장과 조직국장도 만사를 제쳐놓고 이 일에 매달렸다. 국회 보좌관들도 아예 다른 업무는 볼 엄두도 내지 못한 채 서류에 파묻혔다.

끝이 없었고, 끝이 보이지도 않았다. 수도 없이 제기된 의혹들 속에서도 분명한 것은, 조합 설립 당시에 제시된 액수보다 관리 처분 시점에서 2배 이상 오른 분담금으로는 평조합원들이 견딜 수가 없을 것이라는 사실이었다. 결단이 필요했다. 바로 국정감사였다.

사실 국회 국정감사에서 민간 재개발 사업의 일환인 서울 뉴타운 사업 특정 사업 지구를 감사 대상으로 할 수는 없었다. 혹시라도 뉴타운 사업 전반에 대한 문제점을 파악하기 위해 서울시를 감사하는 것이라면 서울시를 소관 부처로 하는 행전안전위원회에서 해도 해야 할 일이었다.

나는 정무위원회 소속이었다. 한나라당 간사와 민주당 간사에게 매달렸다.

"우리 정무위원회는 국무총리실을 소관 부서로 하지 않습니까? 국무총리실에는 사회갈등조정실이 있습니다. 거기가 무엇하는 곳입니까? 우리 사회 곳곳에서 벌어지는 갈등 사안에 대해 조사하고 그 해법을 관계 부처와 조율하여 해결하는 곳 아닙니까? 뉴타운 사업은 우리나라 재개발 사업의 상징입니다. 그리고, 1-1지구 문제는 단순히 특정 지역의 갈등이 아닙니다. 대한민국 재개발 사업의 제도적 모순의 최전선입니다."

"그래도 그렇지. 어떻게 한 동네 재개발 사업 문제를 국정감사로 다루나? 국회에 그러한 전례가 한 번도 없다니까 그래."

"하이고, 우리 동네 1,800명이 죽습니다. 그 가족들 6,000명까지 해서 8,000명이 죽고 사는 문제입니다. 살려주십시오, 제발."

며칠에 걸친 읍소와 떼쓰기(?)에 힘입어 결국 1-1지구는 우리 국회

역사상 재개발 사업 특정 지구를 국정감사하는 첫 대상이 되었다.

국무총리실에서 국토해양부를 담당하는 과장을 TF 팀장으로 선임하고, 국토해양부, 서울시, 양천구 관계자들이 참여했다. 국회 입법조사처의 국토해양부 담당 입법조사관도 파견 받았다. 감사 증인으로 1-1지구 시공사, 정비업체, 철거업체 관계자와 1-1지구 조합장 및 평조합원 대표를 선정했다.

1-1지구 국정감사에서 질의 중인 모습

조사 항목은 무려 50여 가지에 달했다. 법적으로 소송을 통해 시비가 가려진 의혹들에 대해 분류하고, 이를 TF 소속 팀원들에게 배분한 다음 확인 작업을 거쳐 사실 관계를 확정하는 식의 작업이 밤낮없이 진행되었다. 이 과정에 우리 국회 보좌관이 일일이 참여했다.

국무총리실에 대한 기관감사를 하는 날에는 평조합원들 70여 분이 국회로 몰려오셨다. 의원회관 간담회장에서 국회방송을 통해 증인들에 대한 질의를 지켜보았다.

한 달여에 걸친 조사 작업을 마친 후, 국회에서 주민 대표들을 모시고 감사 결과를 발표했다. 이 모든 과정을 비디오로 촬영했다. 그리고 이를 동영상으로 만들어 평조합원 전체에게 배포할 것을 조합

측과 평조합원 대표에게 당부하였다.

사실 발표 전 날, 국무총리실 TF 팀장에게 조사 결과를 보고 받았다. 조사에 참여했던 우리 보좌관의 얼굴이 사색이 되었다. 조사에 참여했던 사람들도 모두 침통한 표정이었다.

"우리가 어디로 숨을 수 있겠습니까? 국정감사를 청구한 국민들로부터 숨을 수 있겠습니까? 그보다도 더 중요한 것은 '사실' 로부터 숨을 수 없다는 것입니다. 바로 이 '명백한 사실' 로부터 숨을 수 없습니다. 평조합원들에게 맞아 죽더라도 사실은 사실대로 밝혀야 합니다."

국회 간담회장에 모인 주민들은 한숨을 토해냈다. 분해서 책상을 탕탕 치시는 분도 계셨다. 아예 눈시울이 붉어지면서 하염없이 우는 분도 계셨다.

"여러분, 믿기지 않겠지만, 지금 대한민국 정부를 대표하여 국무총리실 과장님이 발표하신 내용은 '사실' 입니다. 저 또한 놀라고 실망했습니다. 여러분께서 너무도 확신했던 의혹들이 사실은 사실과 다르다는 사실에 아마도 기가 막히고 어이가 없으실 것입니다. 참으로 송구합니다."

"우리는 조사할 것은 다 했습니다. 다만, 왜 최초에 조합은 시공업체나 철거업체와 그리 비싸게 계약했느냐고 따지시면 할 말은 없습니다. 여러분들이 제기하신 철거연면적 계산은 업계 일반에서 관행적으로 행해지는 방식입니다. 법원도 이를 인정했습니다. 이것이 잘못되었다고 주장하시면 우리는 할 말이 없습니다. 우리가 할 수 있는 일이 아닙니다.”

“조합은 왜 감당도 하지 못할 거면서 촉진 지구를 지정 받아서 그 엄청난 공공부담금을 내게 했느냐고 하시지만, 이것은 조합의 선택이기도 하면서 바로 여러분의 선택이기도 합니다. 왜냐하면 이 결정을 조합원 총회에서 통과시켰으니까요. 조합원 총회가 엉터리라고 주장하시는데, 이는 조사로 밝힐 것이 아니라 결국 소송을 통해 그 진위 여부와 잘잘못을 따져야 합니다. 죄송합니다.”

가슴이 찢어졌다. 우리 동네 국회의원이, 그것도 혼자가 아니라 국정감사를 통해 정부 관계자들과 철저히 조사한다고 했는데, 그래서 온갖 의혹이 밝혀지고 그런 연후에 분담금이 확 내려갈 방안을 찾을 것이라 확신했는데, 아니 그 많은 의혹들이 전부 다 사실이 아니었단 말인가? 주민들은 할 말을 잃었다.

반면 국정감사 내내 평조합원들에게 온갖 험한 말을 들었던 조합 간부들은 득의만만한 표정들이었다.

“조합 간부진들, 제 말 잘 들으세요. 당신들 정말 나쁜 사람들입니다. 당신들 정말 바보들입니다. 당신들이 벌여놓은 일들을 보세요. 난 당신들이 정말로 시공사나 철거업체와 뒷거래 없이 공정하게 계약했는지는 모릅니다. 밝혀낼 방법이 없으니까요. 그러나 이 명백하고 단순한 사실 관계들을 왜 평조합원들에게 알기 쉽게 그때그때 설명하고 이해를 구하지 않았습니까? 만약 그랬다면 이토록 불신의 아수라장이 되었겠습니까? 상황이 아무리 어려워져도 그때그때 매를 맞고 방안을 찾았어야지, 고작 한다는 게 평조합원을 협박하고 고발하는 것이라니. 도대체 당신들이 어떻게 조합 간부진이라는 말입니까?"

그날 밤 보좌관, 파견 나왔던 입법조사관과 통음했다.

"의원님, 우린 이제 망했습니다. 기대치를 너무 높여놨어요."

"그래, 그렇겠지? 어떡하겠나, 죽으라면 죽어야지. 어디로 도망을 가겠나?"

며칠 후, 최초로 민원의 날에 찾아오셨던 평조합원 몇 분이 사무실로 찾아오셨다.

"김 의원님, 고생하셨습니다. 뭐 어쩌겠어요? 사실이 그렇다는데요. 하지만 어떻게 하든 우리를 버리지 말고 도와주세요."

1-1지구 일은 현재진행형이다. 국정감사가 끝나고도 약 20여 차례에 걸쳐 서울시, 양천구 관계자들과 관계기관 대책회의를 열고 있다. 어떻게 하든 분담금을 낮출 방도를 찾아야 한다.

1-1지구 사태를 상징적으로 보여주는 장면이 있다.

사업 지구 내 신남초등학교가 있다. 지은 지 꽤 되기는 했지만 학교로서 기능은 충분히 수행할 수 있었다. 그러나 사업 초기 조합 측은 이 학교를 사업 지구 내 구석으로 몰고 새로 지어주겠다고 장담을 했다. 교육청에서는 교육 단절 문제 때문에 난색을 표했지만 조합 측은 요지부동이었다. 건축비가 백 몇 십억 원에 달했지만, 단지를 멋지고 균형 있게 만들기 위해서는 낡은 학교가 걸림돌이 되었기 때문이다.

2011년 현재, 조합 측에서 호기롭게 장담했던 이 제안을 없었던 일

로 하기 위해 우리 사무실과 강서교육청이 협의 중이다. 교육청에서
는 이미 이전을 전제로 계획을 다 짰기 때문에 이전 백지화는 말도
안 되는 소리이며, 조합에서 그렇게 난리 쳐서 우리들이 이전 계획
을 수립하느라 얼마나 죽을 고생을 했는 줄 아느냐며 말도 못 붙이
게 하고 있다.

　방법이 없다. 그때 국회의원은커녕 이 동네에 살고 있지도 않았지
만, 결국 교육청 관계자에게 죽을죄를 지었다고, 우리 주민들 살려
달라고 빌어야 할 사람이 동네 국회의원밖에 더 있겠는가.

최연소 민원인,
"아버지가 돌아가셨는데요……"

 재산과 부채를 분리하는 상속방안 민원 해결

2010년 11월 13일 제8차 민원의 날. 교복 입는 고등학생이 찾아왔다. 혼자 찾아와서 고개를 푹 숙이고 있는 아이에게, 몇 학년인지 물었다. 고등학교 2학년이란다. 민원의 날 사상 최연소 민원인이다.

"여긴 어떻게 알고 찾아 왔니?"

"신월복지관 복지사님이 말하길, 국회의원이 '민원의 날'이라는 걸 하는데 거기 찾아가 보라고 해서 왔어요."

없는 사람들을 위해 복지관이 있는 것인데, 이제 복지관에서도 우리 사무실로 종종 민원인을 보낸다.

현철이(가명)는, 지금 일흔을 훌쩍 넘긴 편찮으신 할머니와 단둘이 같이 산다고 했다. 어머니는 안 계시단다. 그럼, 아버지는 뭐 하시냐고 물었더니, 글쎄 9일 전에 돌아가셨다는 거다. 현철이 아버지는 지

최연소 민원인인 현철이가 처음 상담하러 왔을 때 ▼

병 때문에 혈액투석을 하면서 대리운전으로 밥벌이를 했다. 현재 구청에서 장애인에게 무상 대여하는 빌라에서 살고 있다고 했다.

문제는 아버지가 돌아가시고 나서 터졌다.

아버지가 없는 살림에도 가입해둔 보험이 있었다. 사망 시 보험금이 4,000만 원이다. 그런데 이 보험금을 수령할 수가 없다는 것이다. 바로 아버지 생전의 부채 때문이었다. 이 부채 총액이 4,000만 원 보험금을 상회했다.

현철이가 아버지 재산을 상속 받으면, 보험금만 상속 받는 게 아니고 부채까지 상속 받아야 한다. 계산해보니 오히려 손해였다. 이제 병든 할머니와 현철이는 굶어죽게 생긴 것이다.

"야, 이것 참. 그나저나 왜 이리 부채가 많노?"

"아버지가 캐피탈 회사에서 진 빚이 1,500만 원 정도 있었는데, 그게 이자에 이자가 붙어서 4,000만 원 가까이 불어났어요. 게다가 아버지 소유의 낡은 자동차가 있는데, 도로교통법 위반 등 온갖 자잘한 과징금 때문에 폐차할 수도 없대요."

갈수록 태산이었다. 어디부터 손을 대야 하나 난감했다. 일단 캐피탈 회사와 접촉했다. 국회 정무위원이 직접 연락을 하자 무슨 자기들 회사 국정감사하는 것 아닌가 해서 초긴장했다가 민원 얘기를 했더니 선선히 해결책을 내놓았다.

회사 규정으로 사망한 채무자에 대해서 원금 이외 이자 부분에 대해서는 탕감할 수 있음을 알려왔다. 그리고 부채를 떠안는 상속자가 미성년자에 기초생활수급자이기 때문에 원금을 일시불로 갚는 조건으로 원금 일부를 깎아줄 수도 있다는 고마운 소식도 전해줬다.

이제 온갖 과징금이 덕지덕지 붙어 있는 낡은 자동차를 폐차해야 했다. 구의원 중 자동차 폐차업을 했던 분이 있어 이 일을 맡았다. 자동차의 경우, 소유주가 사망했기에 이를 인수할 사람이 없을 경우 등록 말소 처리가 가능하다는 것을 확인했다. 게다가 구의원이 아는 사업주가 폐차 비용도 무료로 해주기로 했다.

상속 절차에 대해서는 현직 법무사인 구의원께서 전담해 처리해주었다.

모든 문제가 해결된 두 달 후, 현철이가 감사하다며 사무실로 인사를 왔다. 뭐 따로 할 말이 없어, 할머니 모시고 이 험한 세상 악착같이 살아남으라고 격려했다.

민원의 날에는 현철이 같은 민원 상담뿐 아니라, 인생 상담을 받으러 오는 젊은이들도 많다. ◀

현철이의 사연이, 매달 제작하여 주민들에게 배포하는 의정보고서 '양천을 통신'에 실렸다. 의정보고서를 통해 현철이의 사연을 접한 목동산돌교회의 '신정1 집교회'에서 현철이가 고등학교 졸업 후 자립할 때까지 매월 소정의 장학금을 지급하겠다고 나섰다. 이래서 이 세상은, 아직 살 만한 곳이다.

얼마 전 비서관이, 현철이가 어느 2년제 대학에 진학했다는 소식을 전해주었다. 현철이가 비서관에게 또 민원을 넣었다는 것이다. 자기네 과에서 MT를 가는데 버스를 싸게 빌릴 수 있는 데를 소개해 달랬단다.

"아, 그래? 무슨 과로 진학했다누?"

"웨딩플래너 학과라는데요."

아니…… 세상천지 남자가 웨딩플래너? 이건 또 뭔 소리야……

그래, 무엇을 하면 어떠하겠는가? 그 분야에서 최고가 되면 되지. 특히 자기가 하고 싶었던 일이라고 하니까 잘되었지.

우리 딸 결혼할 때 현철이에게 결혼식을 맡길까 생각해봤다.

최고령 민원인, "내 남편 한 좀 풀어줘"

 민주화유공자 보상금 민원 해결 실패기

2011년 5월 28일 제20차 민원의 날. 최복자 할머니가 찾아오셨다. 민원 접수 서류를 보니, 여든여덟이셨다. 지

민원의 날 사상 최고령 민원인이신 최복자 씨

금까지 민원인 중 최고령이시다.

이분 생각을 하니, 답답한 마음에 또 담배를 물게 된다. 핑계 같지만, 우리 딸에게 올해 안으로 담배를 끊겠다고 한 약속을, 민원의 날을 하는 이상은 지킬 자신이 없어진다.

할머니 남편은 광주민주화운동 유공자이셨는데, 2002년에 돌아가셨다. 문제는 유공자 증서까지 수여받았지만, 실제 보상금을 받지 못했다는 것이다.

지난 김대중 정부 시절, 광주민주화유공자에 대한 보상금 지급이 있었다. 문제는 유공자 심사를 한 후, 보상금 지급 기간이 한시적으로 정해져 있었다는 것이다. 당시 규정에 따르면 유공자 지정 후 6개월 이내에 보상금을 신청하도록 되어 있다.

할아버지는 2002년도에 돌아가셨는데, 할머니가 할아버지의 지인을 통해 유공자 대상임을 알았고, 이에 관련 자료를 제출하여 2006년 국가보훈처로부터 유공자 증서를 받았다.

문제는 할머니가 신청 기간 내 보상금 청구를 하지 않았다는 것이다. 이미 사망한 사람에 대해서도 보상금은 절차에 따라 지급 받을 수 있었음에도 불구하고 말이다.

"나야 증서만 주는 줄 알았지, 죽은 사람에게 보상금이 나오는 줄은 꿈에도 몰랐지. 증서 받은 것이야 다행이지만, 다른 사람들 다 받은 보상금을 이 못난 할망구가 잘 몰라 못 받았으니 죽은 할아버지를 저승에 가서 어찌 볼 수 있겠누?"

할머니는 2007년부터 지금까지 국가보훈처를 상대로 힘겨운 싸움을 계속해오고 계셨다. 그러던 차에 국회의원이 민원의 날을 한다는 소리를 듣고 찾아왔다는 것이다.

나는 국가보훈처를 소관 부처로 하는 정무위원이다. 할머니의 사연을 듣고 국가보훈처 관계자를 불러 방법이 없는지를 따졌다. 방법이 없다는 것이다. 이게 내부 규정인 줄 알았더니 시행령인지라 개정을 해도 소급 적용할 수 없다.

하이고, 혼자 힘겨운 싸움을 해온 할머니의 손을 잡아드리는 것 외엔, 국가보훈처를 소관 부처로 하는 정무위원이 아무것도 해드릴 것이 없었다.

이럴 때가 가장 막막하고 가슴이 아프다……, 민원의 날, 이런 분에게 내가 해드릴 수 있는 게 아무것도 없을 때.

제4장

행복으로
들어가는
낙타바늘귀

행복해서 눈물 흘려본 적 있으세요?
이 장을 읽기 전, 손수건을 준비하세요.

여선희 회장보다 더 부자인 사람들

신정3동 장학회와 차홍자 할머니의 사연

2010년 8월 28일 제3차 민원의 날. 반가운 얼굴들이 찾아오셨다. 신정3동 장학회의 육정식 회장님과 회원 여러 분들이었다. 음료수 2통을 사 들고 그냥 인사차 들르셨단다.

정치를 하다 보면 어느 날부터인가 사람 만나기가 무서워진다. 어떻게 전화번호를 알았는지 누구라고 얘기해놓고 한번 보자고 한다. 얼굴을 보면 알 수도 있겠지만 그냥 목소리를 듣고서 어디서 어떻게 만났는지 기억해내기가 쉽지 않다. 막연히 우리 동네 사람이거니 생각할 따름이다.

누구인지 아는 분들도 있다. 가볍게 인사하고 나면 꼭 할 얘기가 있어서 만나야 한다고 부탁한다. 그럼 이때부터 조금씩 긴장되기 시작한다. 어떤 일이신지 일단 알아야 무슨 준비라도 하고 뵐 것이 아니냐고 해도 무조건 만나서 얘기해야 한다고 고집한다. 참으로 난감한 상황이다.

너무도 잘 아는 사람일 때도 있다. 이리저리 일에 치이랴 사람에 부대끼랴 반갑게 인사를 나누면 그간 격조했다고 얼굴 한번 보자고 한다. 국회의원 초기에는 반가운 마음에 덮어놓고 약속을 잡았다. 약속한 자리에 나가보면 모르는 사람이 같이 있다. 국회의원에게 할 말이 있는 사람이면 국회의원과 친한 사람을 통해 만날 약속을 하고 이렇게 급작스레 들이닥친다. 어쩌랴, 잘 아는 사람인데 사연을 들어보면 열에 아홉은 인사 부탁이나 사업 설명이다. 힘이 쭉 빠진다.

국회의원 선배들이 얘기한다. 좋은 국회의원이 누구인 줄 아느냐고. 싫은 내색 안 하고 부탁 거절하는 것이란다.

신정3동 장학회 사람들. 정말 아무런 부담 없이 만나서 즐겁게 얘기해서 행복한 사람들이다. 1980년대 신정3동 일대에 이주민 단지가 건설되면서 이주민들이 모여들었다. 그리 넉넉한 형편의 사람들이 아니었다. 바로 이곳에서, 이런 분들이 신정3동 장학회를 만들었다.

한 달에 만 원도 좋고, 삼만 원도 좋았다. 각자 형편에 따라 매달 회비를 적립했다. 식당하는 사람, 시장서 생선 파는 아주머니, 골목 슈퍼 사장님, 전파상 사장님, 보습학원 원장님, 직업도 가지각색인 사람들이 장학회를 구성하였다.

1년에 한 번 회원들은 주민센터 회관을 빌려 장학금 전달식을 갖는다. 자식 장가보내듯 딸 시집보내듯 양복을 갖춰 입고 한복을 차려입고 행사를 진행한다. 한 학생당 20만 원씩, 형편이 어려운 학생 30여 명을 뽑아 장학금을 전달한다. 보습학원 원장은 한 학생을 아

신월동 최고 미인, 91세 되신 차홍자 할머니 ◥

예 1년간 공짜로 가르치는 장학 증서를 수여한다.

이렇게 한 지가 어언 22년째에 접어들었다. 한 해도 거르지 않았다. 이사 가는 회원이 생겨도 곧 결원이 채워졌다. 대개 50명에서 70명 선을 유지한다고 한다.

회원들은 한 달에 한 번씩 모여 친목회를 갖는다. 세상 돌아가는 얘기, 자식 장가보낼 얘기 등 진짜 사람 사는 얘기들로 가득한 모임이다. 이 모임에 갈 때마다 그렇게 행복할 수가 없다. 행복한 사람들의 기운이 온몸에 퍼지는 것을 느끼기 때문이다.

우리 신월3동에는 양천구 최고 미인이 사신다. 차홍자 할머니다. 올해 연세가 91세다. 지금도 그리 고우실 수가 없다.

차홍자 할머니는 흔히 말하는 독거노인이다. 평생 오뎅 장사, 김밥 장사를 하셨다. 지금은 폐지를 주어 생계를 이으신다. 형편이 이런데도 살아오면서 기부하신 돈이 1억 원을 훨씬 넘는다. 폐지를 줍는 분이 1억 원이 넘는 돈을 기부하다니 어디 믿겠는가.

"나야 뭐 어디 돈 쓸 데가 있나? 자식이 있나, 가족이 있나. 요즘은 나라가 좋아져서 기초생활수급비 나오지, 노령연금 나오지. 점심 때 복지관 가면 밥 공짜로 주지. 나는 돈 쓸 데가 없어. 거꾸로 아직 근력이 남아 있어 돈 벌 일이 있다니까. 운동 삼아 폐지 모으러 다니면 많지 않지만 돈이 되요. 한 푼 두 푼 모으면 그것도 큰돈이 되지."

2010년 12월 24일, 청와대에서 의미 있는 행사가 열렸다. 대통령 내외가 전국적으로 자원봉사 활동에 기여도가 높은 분들을 모셔 오찬을 베풀게 된 것이다. 청와대 사회통합수석실에서 기획한 자리였다.

신정3동 장학회 육정식 회장님과 여정숙 총무님, 그리고 차홍자 할머니를 추천했다. 한 동네 한 사람 원칙이라며 난색을 표했지만 막무가내로 명단을 들이밀었다.

그날 너무도 멋진 장면이 펼쳐졌다. 우리 차홍자 할머니가 대통령 내외와 함께 헤드테이블에 앉으신 것이다. 참말로 감격스런 장면이었다.

차홍자 할머니와 신정3동 장학회의 사연이 언론에 알려졌다. MBC 뉴스데스크에 사연이 소개되었다. 얼마전에는 《국민일보》에도 그 아름다운 소식이 실렸다.

2011년 1월, 차홍자 할머니가 찾아오셨다. 신문지에 둘둘 만 뭉치를 내놓으셨다. 몇 번이고 꼭꼭 싼 신문지 안에는 꼬질꼬질하게 때가 묻었지만 분명 돈 500만 원이 들어 있었다.

"의원님, 내 평생 대통령을 뵙게 될 줄이야, 그것도 바로 옆자리에 앉아 밥을 먹게 될 줄이야 누가 알았겠수? 나는 이제 죽어도 소원이 없어. 이 돈은 내가 쓸 데가 없는 돈이라우. 의원님께서 어디 좋은 데 써주오."

신월2동에 있는 양천자활센터 윤여옥 센터장에게 연락했다. 갑작스레 생활고를 겪게 된 사람들에게 자활 근로 활동을 지원해주는 곳이다. 윤 센터장은 이런 좋은 일을 혼자만 알 수는 없다며 지역 방송에 협조를 요청했다.

차 할머니를 모시고 양천자활센터에 가던 날, 날아갈 듯이 예쁜 방송 리포터가 할머니를 인터뷰했다. 할머니는 자꾸만 모자를 내리 누르셨다. 다 늙어서 창피하게 무슨 사진이냐며 너무도 수줍어하셨다.

지역 방송 리포터는 평소에 잘 아는 사이다. 그러나 분명하게 말할 수 있다. 그날 내 눈에는 이십대 리포터보다 아흔한 살의 차홍자 할머니가 훨씬 미인이셨다.

말 잘하는 사람들은 얘기한다. 아직 대한민국은 선진국이 되려면 멀었다고. 그 이유 중에 하나로 기부 문화와 자원봉사 문화가 선진국에 비해 활성화되지 않았다는 점을 꼽는다.

이런 사람들에게 꼭 해주고 싶은 말이 있다.

"대한민국이 지금 이 자리에 서 있는 게 누구 덕입니까? 애플의 아이패드와 싸우는 삼성전자의 갤럭시탭, 도요타와 경쟁하는 소나타

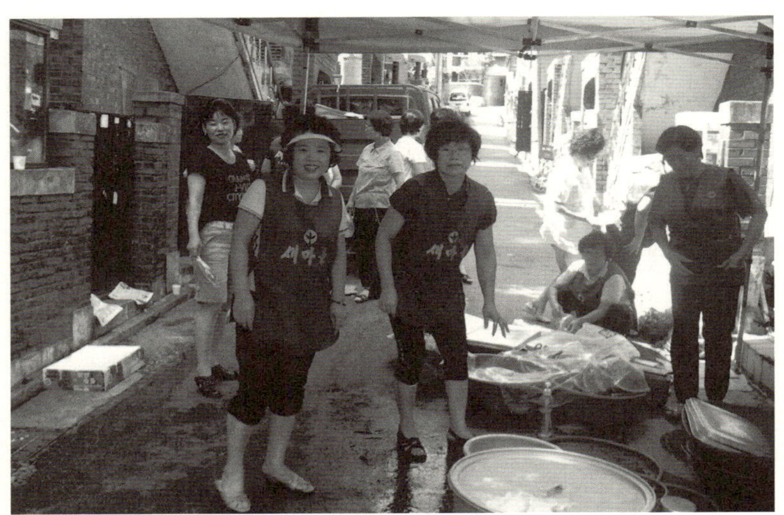

▪ 우리 시대의 영웅 새마을부녀회원들이 삼계탕 봉사를 준비하고 있다. 오른쪽 끝이 여정숙 신정3동장학회 총무

의 현대자동차가 일등 공신인 것 인정합니다. 그러나 이 대한민국의 수도 서울 공동체를 지키는 힘이 어디서 나오는 줄 아세요? 바로 신월3동, 신정3동의 마음 따뜻한 사람들이 바닥에서부터 공동체를 지켜 나가고 있기 때문임도 잊지 말기 바랍니다.”

“아 참, 그리고 자원봉사 문화라고 했지요? 눈이 조금만 많이 와도 제 집 앞 눈 치울 생각은 않고 정부 탓, 서울시 탓하는 게 우리네 세태입니다. 그러나 골목 안으로 들어가 보세요. 거기에는 새마을협의회원, 자율방범대원, 바르게살기협의회원, 민족통일협의회원들이 눈을 치우고 있습니다. 그런 분들을 고작 관청에서 일 시키면 그저 찍소리 못하고 동원되는 관변 단체 사람으로 취급하지 마십시오. 철철이 쌈짓돈 모아 독거노인들 삼계탕이며, 보양탕 해드리는 새마을

부녀회원들은 또 어떻습니까? 자기 시간 내기가 세상에서 가장 어려운 것입니다. 뭐, 그 사람들은 시간 많아서 그런 일을 하고 있는 줄 아십니까?"

이 자리를 빌려 우리 대한민국 공동체를 지키는 영웅들, 차홍자 할머니, 신정3동 장학회와 같은 풀뿌리 장학회원님들, 새마을부녀회원님들을 비롯한 자원봉사자들에게 '당신들이 우리 시대의 영웅'이라고 꼭 말씀드리고 싶다. 여러분이 있어 아직 우리 사회는 살 만합니다.

 **양천신목경기민요단 연습실 마련 프로젝트**

 2010년 8월 19일 현장 민원 요청이 있던 날. 민원인은 박동순 씨를 비롯한 신월동 예술가들이셨다.

양천신목경기민요단. 이름은 거창하지만 아직 예술을 배우시는 분들이다. 동네 주민 센터에서 소리, 장구, 무용 등을 배우신다. 열심히 연습해서 동네 경로잔치나 행사에 봉사 활동 공연을 하신다. 실력이야 어디 프로에 비할 바는 아니지만, 이분들의 열정은 진짜 프로 못지않다.

박동순 씨가 이분들을 이끌며 가르치고 같이 공연하신다. 단원들을 가르치실 때 보면 진짜 완전 호랑이다. 생긴 것도 호랑이시지만 호통이 장난이 아니다.

"김 의원, 우리 연습하는 데 와 봤죠? 이거 어디 눈칫밥도 하루이틀이지 주민 센터 직원들 눈치 주지, 이웃 사람들 눈치 주지. 어디 예

136

술하겠어요? 게다가 우리가 공연할 때 장구춤이나 부채춤이 단골 레퍼토리 아니에요? 장구 들고 서면 옴짝달싹 못하는데 어디 제대로 연습할 수 있나요?"

양천신목경기민요단은 신월1동 주민 센터 지하 공간에서 연습을 하고 있었다. 주민들 중에서 배우고 싶어하는 분들을 모아서 몇 푼 안 되는 수강료를 받고 박동순 씨가 가르친다.

예술단원, 정확하게 말하면 수강생들의 면면이 흥미롭다. 가정주부에서부터 시장에서 장사하시는 분, 나이 육십 후반의 할머니(이런 소리 하면 맞아 죽기 십상이다), 외판 사원 등 실로 공통점이 하나도 보이지 않는 멤버 구성이다. 오직 예술 하나 배워보겠다는 일념으로 햇빛 한 점 들어오지 않는 지하 공간에서 여름에는 땀을 뻘뻘 흘리

호랑이 박동순 선생님의 호쾌한 장구 연주 모습 ◣

머, 겨울에는 오들오들 떨면서 소리를 배우고 장구를 배우고 무용을 배운다.

잘사는 동네 취미 활동과는 달라도 한참 다르다. 국회의원 출마 때 명함 돌리러 갔다가 이분들을 처음 만났다. 행사장에서 처음 만났을 때의 모습은 진하게 화장하시고 화려한 한복 차림에 약간은 어설프지만 훌륭한 공연을 보여주는 멋쟁이들이셨다.

그러나 국회의원에 당선된 후 주민 센터 지하 공간 연습실에서 뵈었을 때의 모습은 그냥 우리 신월동 동네 아주머니이고 어머니들이셨다. 일명 '몸뻬' 바지 입으신 분도 계시고, 화장기 하나 없이 일 보다 오신 분도 계셨다.

무대 위의 모습보다 연습실에서의 모습이 너무도 아름다웠다. 우리 어머니도 살아 계셨으면…….

동네에서 나이 드신 여성 분들 보면 다 누님, 어머니라 부른다. 정치하는 사람들 뻔한 장삿속이라 치부하지는 마시라. 정말 나에게는 다 누님이고 어머니이다.

모친이 쉰넷에 중풍을 맞으셔서 환갑을 못 채우고 돌아가셨다. 평생 자식들 가르치고 입히고 먹이느라 아버지하고 악착같이 돈만 버셨다. 변변히 배운 게 없는 분들이라 그저 안 먹고 안 입고 안 쓰면서 악착같이 일하셨다.

어머니는 내 결혼식에도 참석하지 못하셨다. 아니 안 하셨다. 잘난 둘째 아들 장가가는 데 몸이 그 모양인 에미가 나갈 수 없다는 것이었다.

아들 셋 중에서 그렇게 애지중지했던 둘째가 국회의원이 되는 것을 보셨으면 얼마나 좋아하셨을까 하는 마음에 늘 가슴이 미어졌다. 그러다 보니 동네에서 어머니가 살아 계셨으면 동년배였던 분들을 보면 그분들의 얼굴에 어머니의 얼굴이 겹쳐졌다. 그리고 어머니가 중풍으로 쓰러지기 전의 건강했던 나이의 여성 분을 보면 잘 웃으시던 젊은 어머니가 생각났다.

그래서 그냥 덮어놓고 어머니, 누님으로 부른다.

"하이고 누님들, 예술하신다는 데 도와드려야지요. 그런데 이거 어디 신월동에는 변변한 공연 장소가 있어야지 말예요. 하여간 어떻게든 만들어볼게요."

연습 공간 마련 걱정에 시름이 깊어지던 어느 날, 지역 사무소 보좌관이 귀가 번쩍 뜨이는 얘기를 했다. 바로 우리 동네 명물인 서서울공원에 맞춤한 장소가 있다는 것이다. 관리사무소 옆에 널직한 다목적실이 있다는 것이다.

서서울공원은 신월정수장을 친환경적으로 개조하여 명품 공원으로 재탄생한 우리 동네 자랑이다. 문제는 이곳 관리 책임이 서울시 시설관리공단이라는 것이었다.

즉각 서서울공원을 찾아갔다. 현장 소장님을 만났다. 소속이야 서울시설관리공단 계약직 공무원이지만 우리 동네 주민이시다. 자기한테는 아무런 권한이 없으니 책임 부서인 서울시 서부영업소장에게 얘기해보란다. 서부영업소장에게 전화를 했다. 회의 장소인데 공연 연습장으로 쓰면 공원 이용객들의 민원에 시달릴까 걱정이 된다

▶ 양천신목경기민요단원 누님들의 아름다운 자태

고 푸념했다.

바로 시설관리공단 상급 부서인 서울시 푸른도시국장을 찾아갔다. 국장과는 2010년 태풍 곤파스 때 복구 작업 때문에 매우 가까워진 사이였다. 단순히 국회의원과 서울시 공무원의 사이가 아니었다.

"아니, 신월동에서 예술하겠다는 데 좀 도와주세요. 어디 신월동에 문화 시설이 있냐구요."

결국 국장을 설득하는 데 성공했다. 드디어 다목적 홀을 양천신목경기민요단을 비롯하여 다른 예술단도 시간을 정해 연습할 수 있도록 하는 데 성공했다.

이분들 소리하고 무용하는 거 지켜보는 게 너무 좋다. 뭐 프로들이 예술의전당이나 세종문화회관에서 공연해야 예술인가 말이다. 정말 우리 시대 가장 강한 이름인 '아줌마' 들이 자기 일 하면서 시간 쪼개 연습에 매진하여 멋진 공연을 하는 것, 이것 만한 예술이 어디 있단 말인가.

"이게 예술인 동시에 정말 보약이에요, 보약. 연습 열심히 하면 땀으로 속옷까지 흠뻑 젖어요. 게다가 얼마나 기분이 상쾌해지는데요."

그럼요 그럼, 우리 양천신목경기민요단 누님들, 어머니들. 당신들이 가장 건강하고 아름답고 행복한 대한민국의 여성들이십니다.

"우린 무사하잖습네, 그 친구들 얼마나 힘들잖어요?"

 탈북자 가족 찾기 프로젝트

 2011년 5월 14일 제19차 민원의 날. 고덕만(가명) 씨가 찾아왔다. 탈북자[1] 출신 주민이셨다.

탈북자 출신 주민들도 민원의 날에 간혹 찾아오시는데 대개 자녀 교육 문제나 생계 문제를 호소하시는 분이 대부분이다. 그런데 이분의 민원은 전혀 의외였다. 완전히 난데없는 것이었다.

고덕만 씨 가족은 탈북한 후 아들 하나만 빼고 한국으로 무사히 들어왔다. 한국에 들어오지 못한 아들이 현재 중국 감옥에 수감되어 있었다. 그 아들은 중국 현지에서 탈북 활동가(한국 사람이거나 교포로

---

1. 분명히 지적하고 싶은 것은 북한에서 넘어온 사람들을 새터민이라 부르면 안 된다는 것이다. 통상 명칭을 탈북자로, 아니면 북한이탈주민으로 불러야 한다. 실질적으로는 탈북자가 더 정확한 명칭이다. 북한을 탈출해 한국으로 들어온 사람은 탈북자가 맞다. 북한을 탈출해 중국에 거주하는 사람들은 '이탈주민'으로, 한국으로 들어온 사람은 탈북자라고 부르는 게 정확하다. '새터민'은 북한 당국을 자극하지 않으려는 그야말로 정치적 용어에 불과하다. 분명하게 그분들은 정치·경제적 이유로 북한을 탈출하여 대한민국으로 넘어온 것이다. 새터민 용어는 마치 돼지 코에 연지 찍는 격과 다름이 없다.

서 북한 주민이 북한을 탈출하거나 탈북 후 한국으로 무사히 들어올 수 있도록 도와주는 활동을 하는 사람)를 돕다가 중국 공안에 체포되어 감옥에 가게 되었다.

"아버님, 아들 사연이야 딱하지만 제가 아무리 국회의원이라도 중국 감옥에 있는 사람을 어떻게 할 수 있겠습니까?"

"내 아들을 도와 달라는 게 아니에요."

그러면서 아들에게 온 편지를 꺼냈다. 아들이 수감된 감옥에는 탈북했다가 한국으로 오지 못하고 그곳 감옥에 갇혀 있는 북한 사람들이 많았다. 그 사람들은 같이 탈북했다가 한국으로 들어간 가족들의 소식이 무엇보다도 궁금할 터였다. 바로 한국으로 들어간 가족들을 찾아 달라는 게 아들의 편지 내용이었다.

하기야 한국으로 들어온 가족들이 중국 감옥에 갇힌 사람을 무슨 수로 알 수 있겠는가. 사연이야 딱하고 안됐지만, 나로서는 어떻게 해야 할지 막막할 따름이었다.

"그나저나 아버님도 참 오지랖이 어지간히 넓은 분이시네요. 당장 자기 먹고살기도 바쁠 텐데요. 자식 문제도 아니고 자식하고 같이 감옥 사는 동료의 문제를 갖고 국회의원 찾아올 생각을 하시게요."

"우리는 무사하잖습네. 그 친구들 얼마나 힘들겠어요?"

통일부와 국정원 관계 부서에 협조를 요청했다. 관계자가 황당해했다.

"개인 신상 명세를 알려줄 수는 없습니다. 그리고 만에 하나 어떤 나쁜 의도가 있을 경우 누가 그 책임을 지겠습니까?"

"나쁜 의도라니요?"

"감옥에 갇힌 사람이라면 자신의 구명을 위해 금전적 요구를 할 가능성이 많습니다. 이 경우 그 가족에게는 참으로 난감한 일이 아닐 수 없습니다. 그리고 만약 여기에 무슨 북한의 공작이 조금이라도 개입된다면 그땐 걷잡을 수 없게 됩니다."

듣고 보니 일리가 있는 말이었다. 그래도 그냥 물러설 수는 없었다.

"그럼, 이렇게 하십시다. 관계 당국에서는 그분들에게 이러한 사연이 아무개 국회의원을 통해 들어왔다는 사실만 알려주십시오. 그런 연후에 연락을 원하는 가족이 있으면 그때 우리 사무실로 그분들의 연락처를 주시면 되지 않겠습니까? 그럼, 우린 그 연락처를 고덕만 씨가 아들에게 보내는 편지에 담아 수감되어 있는 그 가족에게 전달하도록 하겠습니다."

우여곡절을 겪은 연후에야, 부탁 받은 네 가족 중 세 가족을 찾을 수 있었다. 그중 한 가족은 어머니를 찾는 것이었는데, 얼마 전 병사했음을 확인했다. 고덕만 씨는 이렇게 찾은 가족의 연락처를 자기 아들에게 보내는 편지에 담아 중국 감옥으로 보냈다.

약 두 달 후 민원의 날에 아가씨 두 분이 음료수를 사 들고 우리 사무실을 방문했다. 그날은 비가 억수같이 퍼부었는데, 부산에서부

▶ 가족을 찾은 탈북자 여성 두 분이 가져오신 난 화분

터 올라온 분들이었다. 찾은 두 가족들이었다.

"깜짝 놀랐어요. 우리는 그 형제가 죽은 줄만 알았거든요. 찾을 방법이 있었어야죠. 감옥 생활이 고생이야 되겠지만 살아 있다니 정말 천만다행이에요."

한국 생활이 어떠냐고 물었더니, 한참을 대답을 않다가 겨우 한마디했다.

"만만치 않네요. 그래도 죽은 줄로만 알았던 가족을 찾았으니 열심히 살아야죠. 동남아 정글을 건널 때 죽기 아니면 까무러치기다 했던 그 심정으로 한번 살아가 보렵니다."

희망 찾기 | 탈북 · 다문화 청소년 비전 트립

양천구에는 전국 기초자치단체 기준, 탈북자가 가장 많이 거주하고 있다. 신정3동, 7동 임대 아파트 단지에 집중적으로 모여서들 사신다.

탈북자 문제가 새삼스러울 것은 없지만, 다른 지역보다 우리 지역에 많이 사시다 보니 그분들의 애로와 애환을 접할 기회가 많다. 대개 그분들의 민원은 경제적 어려움과 자녀들 교육 문제이다. 특히 자녀들 교육 문제는 이분들이 사선을 넘어 대한민국에 온 보람을 찾느냐 못 찾느냐는 절박한 생존의 문제로 이어진다.

"우리들이야 밥 굶지 않으면 되지요. 그러나 저 아이들은 어떻게 하든 이 한국 땅에서 다른 사람들과 어울려 자리 잡고 제대로 살아야 하지 않겠어요? 그런데 학교에서 공부를 따라갈 수가 없어요. 뭐 학원 보낼 형편도 못 되고, 동네 복지관에서 자원봉사 대학생들이 간혹 공부를 돌보아주기는 하지만 그것으로는 어림도 없는 형편이지요. 그러다 보니 학교 내에서 아이들에게 따돌림을 받는 일이 많아요. 학교 갔다 와서 잔뜩 주눅이 든 애들을 보면 왜 그 고생을 하면서 한국에 왔나 싶을 때가 한두 번이 아닙니다."

아무리 우리 동네에 탈북자가 많이 산다 해도 탈북자 문제 전체를 내가 감당할 수는 없는 노릇이었다. 그래도 무엇인가는 해야 하지 않나 하는 절박한 심정을 떨칠 수가 없었다.

탈북자 문제 중에서 자녀 교육 문제를 어떻게 풀지 고민하다 나온 솔루션이 바로 '비전 트립'이다.

국회의원 입장에서 입법과 예산 확보를 통해 탈북자 자녀 교육 문제를 풀어야 마땅하지만, 이는 너무도 길고 지난한 일이었다. 특히 탈북자 문제를 다루는 정부 부처가 여러 곳으로 나뉘어 있다 보니, 작은 문제 하나를 푸는 데에도 너무나 많은 시간과 노력이 필요했다.

탈북 청소년들에게 가장 큰 문제는 '자신감 결여'였다. 한마디로 너무 주눅이 들어 있다는 것이다. 경제적으로나 학업상으로나 소외감과 좌절에 미래에 대한 희망을 포기하는 일이 허다했다.

이 아이들에겐 희망이 필요했다. 자신들이 대한민국의 중요한 미래라는 자신감이 필요했다. 대한민국은 자신들을 중요한 공동체의 일원으로 생각하고 있다는 증거가 필요했다.

어설프게 지원책을 만들었다가는 감수성이 예민한 사춘기 청소년들에게 오히려 독약이 될 수 있었다. 효과적으로 이 아이들에게 자신감을 줄 수 있는 것이 무엇일까 여러 사람들에게 자문을 구했다. 이런 과정을 통해 '비전 트립' 계획이 수립되었다.

'비전 트립'은 외국 견학 프로그램이다. 탈북/다문화 청소년들이 중국, 몽골, 동남아 국가 등 외국에 나가 있는 한국 기업을 방문하고, 그 나라의 문화 유적을 탐방한다.

현지 한국 외교공관 직원과 현지 교민들이 이 과정을 주도적으로 진행해준다. 특히 외교공관 직원과 현지 교민들이 이와 같은 안내 역할을 맡게 한 데에는 분명한 목적이 있다. 대한민국 정부와 재외 대한민국 국민들은 바로 탈북 · 다문화 청소년들을 대한민국의 소중한 보배로 여기고 있다는 것을 느끼도록 하자는 것이다.

맨 처음 프로그램을 설계할 때, 외교부 관계자들은 전례가 없다며 난색을 표명하였다. 그러나 현지 외교공관에서 긍정적인 반응을 보였다. 특히 탈북자들의 탈출 루트가 되고 있는 나라의 현지 공관이 적극적이었다. 탈북 청소년들이 부모를 따라 사지를 건너는 과정을 지켜보았고, 한국에 가서 적응에 어려움을 겪고 있음을 잘 아는 현지 공관 직원들이기에 더욱더 따뜻하게 이들을 맞아주었다.

프로그램 진행을 위한 경비는 국책은행의 사회공헌 프로그램에서 조달하기로 했다. 국책은행 입장에서는 의미 있는 사회공헌 프로그램에 지원하는 것이 자사 홍보에도 나쁠 것이 없다며 기꺼이 참여

▶ '하노이 비전 트립'에 참가한 다문화 가정 청소년들

할 것을 결정했다.

'비전 트립'에 참가한 학생들에게 나타나는 가장 큰 변화는 역시
자신감 회복이다.

몇 차례 비전 트립 참가자 오리엔테이션에 참석했다. 처음 그 아이
들을 보았을 때 느끼는 가장 큰 충격은 아이들 키가 너무 작다는
것이다. 초등학생은 그나마 괜찮지만, 중학생·고등학생은 또래 평
균보다 10센티미터 이상 키가 작았다. 가뜩이나 왜소한 아이들이
행사 내내 사람들과 눈을 마주치지 않은 채 고개를 숙이고 있거나
먼 산만 보았다.

그러나 비전 트립을 다녀온 후 가진 해단식 자리에서는 아이들이
확 달라져 있었다. 웃고 떠들고 휴대폰으로 사진 찍고 그 나이 아

이들과 하나도 다른 게 없었다. 지금도 잊을 수 없는 한 탈북 여고 생의 말이 있다.

"와, 나라에서 우리를 이렇게 대접해주니 정말 기쁩니다. 우리는 그 저 남조선에서 버려진 사람들, 그냥 귀찮은 사람들처럼 대접 받을 줄 알았는데 그 높은 대사관 직원들이 친절히 대해주니 놀랐어요. 이제 진짜 대한민국 국민이 된 것 같아요. 열심히 공부해서 저도 한몫 다하는 대한민국 국민이 되겠습니다."

"정말 미치겠네! 그 돈을 안 타먹었단 말예요?"

 노인요양보험과 효부상에 얽힌 사연

2011년 3월 26일 제16차 민원의 날. 모범택시 운전자 정복을 입으신 정영길 씨가 찾아오셨다. 의례적인 얘기가 오간 끝에 용건을 말씀하시기 시작했다.

"제 나이가 올해로 일흔하나입니다. 그런데 저는 올해 아흔 되신 어머니를 모시고 살지요. 어머니는 지금 치매로 고생하고 계시구요."

"아, 그러세요? 그러니까 찾아오신 이유가……."

서당개 삼 년이면 풍월을 읊는다고 하지 않던가. 여기까지 들으니 딱 무엇 때문에 오셨는지 감이 잡혔다.

"정 선생님, 어머니 노인요양등급 낮게 받으셨죠?"

"글쎄요. 2등급 받았는데요."

"예? 2등급이면 낮게 받은 게 아닌데. 아까 말씀하시길 아예 누워 계신 것은 아니고 혼자서 살살 화장실은 가실 수 있는 상태라면서

150

요. 하이고, 그 정도면 잘 받으신 거예요. 아니, 다 죽게 생겼는데도 3등급을 받았다고 펄펄 뛰는 사람이 얼마나 많은 줄 아세요.”

“예, 잘 알고 있어요. 하지만 우리는 요양비 한 번도 탄 적 없어요.”

“예? 아니, 이건 또 뭔 소리예요? 그 돈을 안 타먹었단 말이에요?”

정말 억장이 무너지는 소리였다. 긴 병에 효자 없다는 말을 나만큼 잘 이해하는 사람도 드물 것이다. 우리 어머니는 너무 이른 나이인 쉰넷에 중풍을 맞아 7년간을 누워 계시다 돌아가셨다.

어머니가 누워 계시니 어쩌겠는가. 형님이 서울 생활을 정리하시고 어머니를 모시러 대전에 내려왔다. 그때까지만 해도 형수님은 속칭 이대 나와서 학벌도 좋고 영어 잘하는, 잘나가는 외국계 회사 커리어우먼이었다.

그랬던 형님 내외가 병석에 누워 계신 어머니를 5년간 모셨다. 이후 형수님 건강이 나빠져 둘째인 우리 집사람이 어머니 병수발을 맡게 되었다. 그때 나는 무심하게도 공부한답시고 미국으로 떠날 참이었다. 집사람 처지에서는 서방과 생이별을 한 채 생전 살아보지도 않은 타향에서 갓난쟁이 아들 데리고 시어머니 병수발을 들게 된 것이었다. 그리고 어머니 임종까지 2년을 모셨다.

집안에 부모님이 누워 계시면, 그것도 어머니가 누워 계시면 정말 집안 꼴이 말이 아니다. 집안에 웃음이 사라지고 매사 조심조심 살얼음판을 걷는 생활이 연속된다. 이게 어디 우리 집만의 모습이었겠는가. 대한민국을 살아가는 모든 집안의 엇비슷한 풍경이었다. 바로 건강요양보험제도가 생기기 전까지 말이다.

건강요양보험은 참으로 기막히고 신통하다. 65세 이상 국민이 노인성 질환에 걸려 제대로 된 생활을 할 수 없으면 국가에서 병간호를 대신 해주는 제도이다.

노무현 정부 말기에 이 제도를 전격 도입하였다. 일본 제도를 거의 전적으로 모방한 것이었다. 건강보험료에 3%를 더 붙여 재정을 만들어 이를 토대로 보험을 운영한다. 질환에 따라 3등급으로 나누어 매달 요양비를 지급한다. 환자 본인도 15%에서 20%를 자부담한다.

보험료는 환자에게 직접 지급하는 것이 아니라 간접 지급하는 방식을 취한다. 환자가 노인요양기관으로 지정된 곳에 입원하였을 때 정부가 기관에 이 돈을 지급한다. 만약 집에서 요양을 할 경우, 노인요양보호사가 감당하고 보호사에게 이 돈을 지급한다.

이 제도로 인해 새로운 직종의 일자리가 생겼고, 세상 풍경도 많이 바뀌었다. 노인요양보호사 자격증 시험을 위한 온갖 교육기관들이 생겨났고, 동네의 중형 병원들이 난데없이 간판에 '효도할 효' 자를 달고서 노인요양병원으로 거듭났다. 호젓한 교외 빈 들판에 난데없이 노인요양기관이 우후죽순처럼 솟아났다.

나는 이 제도의 강력한 비판자다. 나라에서 효도를 대신해주겠다는데 그게 무슨 소리인가 하실 것이다. 네 어머니는 네 가족들이 다 모셨다고 했는데 그게 억울해서 못 살겠다 이런 심보냐고 하실 수도 있다.

내 비판의 핵심은 두 갈래이다.

하나는 돈이다. 돈만 많다면 무엇이 문제이겠는가. 건강보험이 대한민국을 자폭시키는 가장 무서운 시한폭탄이라는 걸 아는 사람은 다 안다. 해마다 건강보험 재정 적자가 눈덩이처럼 불어나고 있다. 문제는 이 폭탄을 제거할 방안이 없다는 것이다.

노인요양보험 재정은 더 한심하다. 최초에는 건강보험 재정의 3%면 충분히 제도를 운영할 수 있을 것이라 예상했지만 지금 당장도 어림도 없는 소리다. 당장 8% 선으로 재정 상황을 개선하지 않으면 제도 자체가 붕괴된다. 더 큰 문제는 우리나라의 고령화 정도와 속도다. 앞으로 10년 후 15% 선까지 재정을 확대하지 않으면 제도 자체를 운영할 수 없다.

또 하나는 이 제도가 소득 기준이 아니라 연령 기준이라는 것이다. 즉 본인 혹은 부양가족의 소득 수준에 따라 요양비를 지급하는 것이 아니라 연령 기준만 맞으면 돈을 주는 것이다. 이른바 보편적 복지에 노인 공경 차원에서 이렇게 설계했다고 하는데, 과연 이게 맞는 것인가.

"아니 정 선생님, 그게 말이나 되는 소리입니까? 그 돈은 말이죠. 설령 삼성 이건회 회장이 쓰러졌을 때 그 아들 이재용 후계자가 신청을 해도 나오는 돈이에요. 저야 이 제도가 잘못되었다고 비판하는 사람이지만, 도대체 정 선생님이 뭐가 문제라고 그 돈을 안 타먹는단 말입니까?"

"그게 아니구요. 제가요, 6남매의 장남이거든요……."

정영길 씨는 6남매의 장남이었다. 치매에 걸리신 어머니가 6남매 키우느라 죽을 고생을 하셨단다.

"제가 넉넉지는 못해도 신체 건강하고 제 몸뚱아리로 돈 벌어서 병든 노모 한 분 모시지 못하겠어요? 부모 모시는 게 자식된 당연한 도리인데 그걸 나라에 기대 돈 타먹는다는 게 영 개운치가 않아서요."

"야, 미치겠네. 그래서 그럼 저보고 어쩌라구요. 도대체 그럼 무엇 때문에 여길 찾아오신 거예요?"

"혹시 어디 효부상(孝婦賞) 주실 데 소개해주실 수 있는지 해서요."

"예? 뭔 말씀이신지?"

"제 집사람도 내일모레면 일흔이에요. 그런데 시어머니 모신다고 저 고생을 하니 미안도 하고 마음도 좋지 않아서. 궁리 끝에 우리 집사람한테 높은 사람에게 효부상 같은 걸 받아다 주면 어떨까 해서요."

"아니, 마누라에게 그렇게 미안하다면 나라에서 주는 돈 받아 요양병원에 모셔야지, 무슨 얼어죽을 놈의 효부상이에요? 야, 진짜 미치겠네. 그래요, 효부상 백번이라도 만들어드릴게요."

참, 이런 분도 계시다. 그래, 대한민국이 아직도 희망의 끈을 놓아서는 안 되는 이유가 바로 이런 분이 계시기 때문이다.

불현듯 존경하는 이어령 선생님의 시가 간절해졌다. 2008년 벽두를 여는 소망을 담아 대한민국에 보내는 간절한 시였다.

2008 소원시(所願詩)

— 이어령

벼랑 끝에서 새해를 맞습니다.

덕담 대신 날개를 주소서.

어떻게 여기까지 온 사람들입니까.

험난한 기아의 고개에서도

부모의 손을 뿌리친 적 없고

아무리 위험한 전란의 들판이라도

등에 업은 자식을 내려놓지 않았습니다.

남들이 앉아 있을 때 걷고

그들이 걸으면 우리는 뛰었습니다.

숨 가쁘게 달려와 이제 젖과 꿀이 흐르는 땅이

눈앞인데 그냥 추락할 수는 없습니다.

벼랑인 줄도 모르는 사람들입니다.

어쩌다가 '북한이 핵을 만들어도 놀라지 않고

수출액이 3,000억 달러를 넘어서도

웃지 않는 사람들' 이 되었습니까.

거짓 선지자들을 믿은 죄입니까.

남의 눈치 보다 길을 잘못 든 탓입니까.

정치의 기둥이 조금만 더 기울어도,
시장경제의 지붕에 구멍 하나만 더 나도,
법과 안보의 울타리보다
겁 없는 자들의 키가 한 치만 더 높아져도
그때는 천인단애(千仞斷崖)의 나락입니다.

비상(非常)은 비상(飛翔)이기도 합니다.
싸움밖에 모르는 정치인들에게는
비둘기의 날개를 주시고,
살기에 지친 서민에게는
독수리의 날개를 주십시오.

주눅 들린 기업인들에게는
갈매기의 비행을 가르쳐주시고,
진흙 바닥의 지식인들에게는
구름보다 높이 나는 종달새의 날개를 보여주소서.

날게 하소서……
뒤처진 자에게는 제비의 날개를
설빔을 입지 못한 사람에게는 공작의 날개를,

홀로 사는 노인에게는 학과 같은 날개를 주소서.
그리고 남남처럼 되어가는 가족에는
원앙새의 깃털을 내려주소서.

이 사회가 갈등으로 더 이상 찢기기 전에
기러기처럼 나는 법을 가르쳐주소서.
소리를 내어 서로 격려하고
선두의 자리를 바꾸어 가며
대열을 이끌어 간다는 저 신비한 기러기처럼
우리 모두를 날게 하소서.

"날자. 날자. 한 번만 더 날아보자꾸나."
어느 소설의 마지막 대목처럼
지금 우리가 외치는 이 소원을 들어주소서.
은빛 날개를 펴고 새해의 눈부신 하늘로
일제히 날아오르는 경쾌한 비상의 시작!
벼랑 끝에서 날게 하소서…… 아멘……

그렇다. 바로 정영길 씨 같은 분들이 우리 대한민국의 공동체를 가꾸어 오셨고, 이러한 마음 씀씀이는 앞으로 대한민국을 지켜 갈 가장 큰 원동력이다. '험난한 기아의 고개에서도 부모의 손을 뿌리친 적 없고 아무리 위험한 전란의 들판이라도 등에 업은 자식을 내려놓

▼ 효행상, 효부상을 수상한 정영길 씨 내외

지 않았던' 〈민족의 원형〉이 정영길 씨 내외에게 있었다.

효부상과 함께 효행상도 같이 만들기로 했다. 번쩍번쩍하게 상패를 만들었다. 이런 효부 효자에게 이 정도 상패로 되겠나. 정영길 씨 내외를 국회로 초대하기로 했다. 직접 국회 곳곳을 구경시켜드리고 귀빈식당에서 근사하게 점심 대접을 해드리기로 작정했다.

두 내외가 국회로 오시기로 한 아침, 우리 사무실 직원이 황당한 소리를 했다. 그분들이 못 온다고 했다는 것이다. 국회의원은 밥 먹으면서 정치한다. 한국 사람이야 '저 식사 한번 하지' 라면서 세상 관계를 풀어 나가지 않는가. 다른 점심 약속 다 취소하고 국회 안내 시간까지 다 비워두었건만 이게 무슨 소리란 말인가.

"의원님, 정영길 씨 사모님이 도저히 못 가겠다고 그런대요. 여의

158

도 가서 점심 먹고 국회 구경하고 이것저것 하다 보면 최소한 몇 시간은 걸릴 텐데 그럼 집에 노인네 어떻게 하냐구 그런대요."

참, 살다 살다 별 사람 다 본다는 얘기가 꼭 이 경우였다. 천생 효부 효자이신 걸 어쩌겠는가. 결국 지역 사무소로 잠깐 다녀가시라 했다.

효부상 효행상 상패를 드리는 내 손이 오히려 부끄러웠다. 폼 나게 두 내외와 사진을 찍었다. 두 내외가 사무실에 머문 시간은 채 20분이 되지 않았다.

다음 날, 우리 사무실 직원이 정치후원금 통장을 내 책상 위에 올려놓았다. 정영길 씨 내외 이름으로 각각 십만 원씩 정치후원금이 입금되어 있었다.

정치하면서 받았던 가장 큰 돈이었다. 정치하면서 받았던 가장 큰 사랑이었다. 이게 내가 정치하는 이유다.

"2년 넘게 세 못 내는 그 여자 좀 어떻게 해봐요"

 장기체납 세입자를 돕는 의인을 위한 프로젝트

2011년 3월 26일 제16차 민원의 날. 임문준 반장님이 찾아오셨다. 신정4동의 터줏대감 아니 안방마님이시다. 신정4동에서 무슨 봉사 활동을 하고 있다고 해서 찾아가 보면 임 반장님이 꼭 거기 계신다.

"우리 집이 뭐 있나? 조그만 가게하고 지하에 있는 방 세 받아서 먹고살지요. 그런데 세 사는 여자가 계속해서 세를 주지를 않는 거야. 이를 어떻게 하면 좋아요?"

종종 이런 민원을 받는다. 그러나 그리 달갑지는 않다. 세입자가 이렇게 막무가내로 세를 내지 않으면 집주인 입장에서는 기가 막힐 노릇일 것이다. 그래도 집주인이라면 먹고살 만한 사람일 터인데 굳이 이런 일로 민원의 날에 찾아와야 하는 것인지 조금은 야속한 기분이 들기 때문이다.

"반장님, 도대체 세가 얼마나 밀렸는데요?"

"글쎄 2년이 넘었다니까."

"아니, 두 달도 아니고 2년이면 당장 내쫓아야지 큰일 났네. 뭐 방법 있겠어요? 내용 증명 보내고 바로 강제집행해야죠."

"김 의원, 내쫓아 달라는 게 아니고, 내 얘기는 말이야……."

그러고 나서 한다는 소리가 그 여자 어디 취직 좀 시켜줄 데 없냐는 것이다.

"모자 가정이야. 중학교 다니는 아들하고 단둘이 사는데 두고 볼 수가 없어요. 우리 집에 줄 세는커녕 걸핏하면 전기세, 도시가스세도 못 내 한겨울에도 냉골방에서 지낸다니까."

"아니, 모자 가정이 어디 한둘이에요? 아들이 중학생이면 그 여자 아직 젊구만. 그럼, 일을 해야지. 어디 식당 가서 악착같이 일하면 세 못 내고 전기 가스 끊기겠어요?"

"일이야 하지. 그런데 지하철에서 전단지 나눠주는 작업 같은 것밖에는 못한대. 허릿병이 있어서 구부리고 하는 일은 못한대."

"그럼, 빨리 장애진단을 받아야 하는데……."

"그것도 알아봤는데, 수술한 적이 없어서 잘 안 되는 것 같던데."

임 반장님은 세를 못 받아 속을 끓이면서도 수시로 그 집 안을 들여다보며 김치며 밑반찬을 챙기고 있었다. 임 반장님도 남편으로부터 이래저래 싫은 소리를 듣고 있단다. 이제 어지간히 하라고 말이다. 그래도 인정상 어떻게 저것들을 길거리로 내모냐며 속만 끓이다 민원의 날을 찾아왔던 것이다.

▼ 의인상을 수상하신 임문준 반장님

참 허릿병이라는 게 묘하고 어렵다. 본인은 죽겠는데, 딱히 증상이 잘 잡히는 것도 아니고. 이 여자 분은 어디가서 제대로 일을 할 수가 없다고 한다. 이곳저곳 일자리를 알아봐준다고 했지만 번번이 실패했다. 일할 사람이야 천지인데 겉보기에 멀쩡한데 제대로 일 못할 사람을 누가 써주겠는가.

임 반장님 몰래 이벤트를 꾸몄다. 임 반장님 큰일 났다고 빨리 우리 사무실에 와봐야 한다고 사무국장이 전화를 했다. 임 반장님은 뭔 일인가 싶어 부리나케 우리 사무실로 달려 오셨다.

"임문준 반장님을 우리 양천구의 의인으로 인정하고, 그 귀한 마음을 이 패에 담아 길이길이 기억하고자 합니다."

나와 우리 사무실 직원 전체가 번쩍번쩍하는 상패에 '의인상' 이

162

렇게 상 제목을 달아 꽃다발과 함께 임 반장님께 전달했다.

할 수 있는 게 그것밖에 없었다.

임문준 반장님. 당신을 양천구 아니 대한민국의 의인으로 인정합니다. 사랑합니다.

"당신들, 목동 같으면 감히 그럴 수 있었겠어?"

 재개발지역 발파 작업 피해보상 민원 처리

2010년 9월 4일 제4차 민원의 날. 신월2동에 사시는 최승학 씨 내외를 비롯한 주민 여섯 분이 찾아오셨다. 민원의 날이 질적으로 진화하기 시작한 사건이 시작되었다.

민원인들은 조그만 재건축 아파트인 삼구아파트 주민들이었다. 그 바로 옆에는 뉴타운 1-2지구 공사가 한창이었다. 억울하기 짝이 없는 사연을 갖고 안 가본 데가 없고 안 해온 일이 없을 정도로 해보다 해보다 안 되어서 끝내 국회의원 사무실로 찾아온 민원인들이었다.

2010년 봄, 1-2지구 터파기 공사가 큰 난관에 봉착했다. 지반에서 예기치 못할 정도로 큰 암반 지대가 나온 것이다. 굴착기로는 어림없는 규모였다. 다이너마이트를 써서 암반을 깨야 했다.

도심에서 폭약을 사용하기 위해서는 구청과 경찰서의 발파 허가가 있어야 한다. 시공사는 발파 허가를 요청했고, 구청과 경찰서는 예의

단서를 달아 요청을 반려했다. 발파 작업이 시작되면 공사 현장 주변 소음으로 인해 민원이 제기될 것인바 주민들의 동의서를 받으라는 것이었다. 도시 재개발 현장에서는 왕왕 있는 일이었다.

시공사는 동의서를 받는 조건으로 몇 십만 원의 위로금을 제시했다. 일부 주민들이 이 돈을 받고 동의서를 써주었다. 그러나 삼구아파트 주민들을 포함하여 일부 주민들은 동의서 서명을 거부했다. 시공사가 제시한 금액이 터무니없이 적다는 이유에서였다.

게다가 발파 작업 전에 반드시 실시해야 할 안전 진단 작업이 무성의하게 진행되었다고 반발했다. 안전 진단 작업은 사실 주변 피해 예상 주민들뿐만 아니라 시공사를 위해서도 꼭 필요한 절차다. 공사가 끝난 후 하자 보수를 할 때 주변 건물에 금이 가거나 누수가 발생했다면, 이것이 원래부터 그랬던 것인지 공사 때문에 그런 것인지 다툼이 있게 마련이다. 따라서 공사 들어가기 전에 이를 확인하는 것인데, 시공사로서도 소홀히 할 수 없는 일이다.

그런데 시공사는 이 안전 진단 절차를 주민들에게 제대로 알리지 않은 채 일방적으로 진행했다는 것이다.

주민들에게 동의서 받는 작업이 지연되면서 공사는 한없이 늘어졌다. 급해진 시공사는 어떤 수단을 동원했는지는 몰라도 구청과 경찰서로부터 발파 허가서를 받아냈다. 그리고 주민들에게 제대로 고지하지도 않은 채 발파 작업에 돌입하였다.

"방에서 자고 있는대요. 지진 나는 소리가 들리는 거예요. 집 밖으로 뛰쳐나왔죠. 아니 세상에 아무리 급하다고 해도 주민들에게 알리

지도 않고 다이너마이트를 터뜨린다는 게 말이나 됩니까?"

주민들은 공사 현장 앞에서 드러누웠다. 그리고 구청과 경찰서로 몰려가서 시위를 시작했다. 그러나 구청과 경찰서의 입장은 입을 맞춘 듯 똑같았다.

"우리는 요건에 맞아서 허가서를 내준 것뿐이에요. 요건이 맞는데도 허가를 내주지 않으면 우리가 거꾸로 고소를 당할 수밖에 없다니까요."

때마침 지방선거가 있었다. 각급 후보들이 자신이 당선되면 이 문제를 해결하겠노라고 앞다투어 공약을 했다. 그러나 당선된 이후 그누구도 나서질 않았다.

민원을 받은 다음 날, 현장에 나가보았다. 민원의 날에 방문했던 분들이 나와 계시는가 싶더니 동네 사람들이 구름같이 몰려나오셨다. 동네 국회의원이 온다고, 나가서 따지자고 삽시간에 사발통문(沙鉢通文)이 돌았나 보다.

"아니, 국회의원이라는 자가 뭐 하다 이제야 나타나는 거야? 선거 때 다 해결해줄 테니 찍어만 달라고 할 때는 언제고 도대체 이런 도적놈들이 어딨어?"

민원의 날에 대표로 찾아왔던 최승학 씨는 "그건 지방선거 때 출마했던 사람들이고, 국회의원이야 몇 년 전 당선된 사람인데 이 사람한테 큰소리 지를 것 없다"며 나를 두둔해주었다.

"국회의원이고 뭐고 간에 말야. 정치하는 놈들은 다 똑같아. 세상모든 것 다 해줄 것같이 하다가 당선되면 코빼기도 보이지 않는 놈

들이 정치인들이야."

무슨 말을 할 수 있겠는가. 금이 가고 물이 샌다는 아파트 각 세대를 직접 들어가서 꼼꼼히 살펴보고 사진을 찍었다.

며칠 후 시공사 책임자, 민원인 대표, 구청 및 경찰서 관계자를 불러 모았다. 내 입장에서는 어떻게든 타협을 붙여 빨리 해결을 보아야 할 일이었다. 정치인에게 오는 집단 민원 중 상당수는 상대 민원이라는 게 존재한다. 일방에게 유리하게 해주었다가는 이와 이해관계를 달리하는 또 다른 일방과는 씻을 수 없는 원한 관계가 되고 마는 경우가 허다하다. 이 민원의 경우 또 다른 일방은 바로 1-2지구 조합이었다. 조합 입장에서는 공사가 하루빨리 진행되어야 한다. 공사 지연으로 인한 손해가 막심하다, 국회의원이 잘못 나섰다가는 큰코다

칠 수 있다며 내가 잘 아는 사람을 통해 으름장을 놓았던 터였다.

시공사 책임자로 현장 소장이 나왔다.

"시공사 입장에서도 하루빨리 이 문제를 정리하는 게 좋지 않겠습니까? 명색이 대한민국에서 손꼽히는 대기업 건설사인데, 그거 얼마나 된다고 이리 문제를 키운단 말입니까? 제가 적절하게 타협을 붙여볼 테니 좋게 해결을 합시다."

"그리는 못 합니다. 우리는 규정대로 했으니 맘대로 하십시오."

현장 소장이 어깨를 뒤로 젖힌 채 심드렁하게 대답했다. 황당했다. 그래도 내가 국회의원인데, 주민들이 다 보는 앞에서, 이렇게 좋게 말하고 있는데, 뭐 마음대로 하시라?

"그래요. 그럼 마음대로 해드리지요."

국회의원이 절대로 들어서는 안 되는 두 가지 얘기가 있다. 첫째는 게을러졌다는 얘기고, 둘째는 목에 힘 들어갔다는 얘기다. 이 소리 듣는 순간 지역구 정치는 끝이라고 국회 선배님들이 젊은 초선 후배들에게 얘기하신다.

그래도 이 문제에 대해선 목에 힘을 주기로 작심했다. 대기업 건설사 사장을 국회 국정감사 증인으로 부르기로 마음먹었다. 물론 잘 안 되는 얘기였다. 이럴 때 전가의 보도처럼 써먹는 수법이 있다. 이런 문제가 가장 전형적인 사회 갈등 양상이니, 국회가 나서서 풀어주지 않으면 안 된다고, 그리고 이런 문제는 어떤 지역구에서도 일어날 수 있는 문제라고, 국정감사 증인 채택의 칼자루를 쥐고 있는 여야 간사를 설득하는 일이다.

우여곡절 끝에 건설사 사장을 증인으로 채택하였다. 난리가 났다. 건설사는 사장 증인 채택을 취소시키려고 백방으로 뛰었다. 아니, 듣도 보도 못한 작은 동네 현장 민원 갖고 건설사 사장을 국회로 불러내어 망신주려는 게 국회가 할 짓이냐며 온갖 경로를 통해 나를 압박해왔다.

아주 잘 아는 선배에게 연락이 왔다.

"김 의원, 젊은 나이에 정치 잘한다고 선배들 사이에 평판이 좋아. 선배들이 김 후배에게 기대가 커. 그런데 김 의원이 국감 때 증인으로 부르겠다는 건설사 사장 말이야. 그 양반이 고등학교 선배라는 것 아나? 세상 살다 보면 적당히 해야 할 때가 있는 거야. 잘한다 잘한다 선배들이 칭찬해도 도를 넘으면 후배에게 좋을 게 없어. 잘 생각하라구."

국회 사무실로 건설사 임원과 구청 및 경찰 관계자를 오시라 했다.

"잘 듣고 가서 말씀 전하세요. 당신들 말이에요. 만약 이 공사를 목동이나 강남에서 했다고 쳐보자구요. 거기서 똑같은 경우가 생겼다면 말예요. 주변 주민들의 동의 절차도 끝나지 않았는데 감히 다이너마이트를 터뜨릴 수 있었겠어요? 거기에 판사도 살고, 거기에 고위 공무원도 살고, 거기에 검사장도 살았으면 과연 그렇게 할 수 있었겠어요? 나는 그게 참을 수 없는 겁니다. 우리 동네 못사는 사람들이라고 개무시한 것과 무엇이 다르냔 말입니다."

"그리고 구청이나 경찰서도 마찬가지예요. 건설사가 제 아무리 커도 구청이나 경찰서에서 작정하고 달려들면 공사 제대로 못합니다.

어떤 공사 현장이라도 소소한 위반은 널려 있으니까요. 동의 절차가 제대로 끝나지 않은 상태에서 발파 허가서 나가면 민원 들끓을 것 뻔히 알고 있었을 것 아닙니까? 이게 잘사는 동네에서도 있을 수 있는 일인가요?"

"나는 이게 억울해서 죽어도 증인 못 풀어줍니다. 제 맘대로 하겠습니다. 국회서 보자고 가서 전하세요."

국정감사 증인 변경 마감 시일이 며칠 앞으로 다가왔다. 건설사에서 만나자고 다급하게 연락이 왔다. 주민들 뜻을 최대한 반영해서 다시 협상하겠단다.

"우리 사무실 비서관이 양쪽 의견을 공평하게 중재할 겁니다. 그리고 그 결과에 대해 서로 각서를 쓰고 반드시 공증을 받아야 합니다. 그렇게 하면 일이 해결되었다고 판단하고 증인 채택을 취소하기로 하지요."

건설사 임원은 전례를 남길 수 없다며 각서나 공증을 받는 것은 절대로 받아들일 수 없다고 버텼다.

"이것 보세요. 어차피 하자 보수하려면 공사 다 끝나고 하실 것 아닙니까? 그때는 내가 국회의원 하고 있을지 안 하고 있을지 모를 때예요. 만약 내가 국회의원 떨어진다면, 그런데 당신들이 약속을 제대로 지키지 않으면 그때 이 주민들은 어떻게 해야 합니까?"

우리 사무실 비서관이 입회하여 건설사와 주민 대표 간에 각서를 교환하고 법무사 사무실에서 공증 절차를 마무리지었다. 그리고 바로 국정감사 증인 채택을 취소하였다.

며칠 후 최승학 씨 내외가 꼭 식사를 대접하겠다고 전화를 해왔다. 국정감사 기간 중이라 바쁘다고 핑계를 대면서 굳이 그러실 필요가 없다고 거절했다. 그럼 잠깐 얼굴이라도 보겠다며 막무가내로 사무실로 찾아왔다. 쭈뼛쭈뼛 주머니에서 봉투 하나를 꺼내 내 앞으로 밀어놓았다. 얼마 되지는 않지만 주민들이 조금씩 모아 성의를 표한 것이니 거절하지 말아 달라는 것이다.

"지금 이 돈을 당장 집어넣지 않으면 앞으로 나는 당신들 보지 못합니다. 그 일 한 것은 당연히 제 의무예요. 서운케 생각지 마시고 돌아가세요."

그래도 어떻게 그럴 수 있느냐며 자신들의 마음을 전할 방법이 없냐고 울상이 되었다. 정 그러시면 합법적으로 정치 후원금을 내시라, 그것도 10만 원 한도 내에서 후원금을 내시면 연말정산 시 고스란히 환급 받을 수 있다고 설명드렸다. 그리고 한마디 덧붙였다.

"후원금 내주시는 것은 고마운데요. 내시려면 꼭 세금 내는, 월급 받으시는 분이 내셔야 해요. 그래야 이상 없이 연말에 환급 받을 수 있습니다."

나중에 들으니 삼구아파트 주민들 사이에 한바탕 소동이 있었다고 한다. 주민 중에서 환급 받을 수 있는 사람이 누구인지 확인하고, 그 사람 명의로 후원금을 내느라 법석이었다는 것이다.

제1차 민원의 날
제2차 민원의 날

제5장

졸면 죽는다

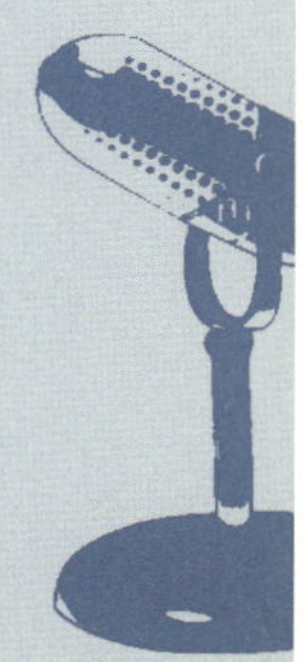

지역구 예산 확보 전쟁,
졸면 죽는 살벌한 게임입니다.

'쓰리쿠션 예산'의 비밀

 신정역 에스컬레이터 놓기 프로젝트

신정역. 우리 동네 신정4동에 있는 지하철역이다. 신정역은 신정4동 주민뿐만 아니라 신월동 주민 전체가 다 이용하는 역이다. 전철이 없는 신월동 주민들은 버스를 타고 와서 신정역 전철을 이용한다. 출퇴근 시간대에는 사람이 미어터진다.

신정역은 저 땅 끝에 있는 듯 무지무지하게 깊다. 문제는 이 깊은 역에 에스컬레이터가 없다는 거다. 신정역 에스컬레이터 놓기는 양천을 지역 정치하는 사람들의 유서 깊은(?) 공약이다. 20년도 더 되었다. 물론 나도 똑같이 공약으로 내걸었다.

2008년 국회의원에 당선되자마자, 이 프로젝트에 뛰어들었다. 자신만만하게 해결을 장담했건만 이게 왜 20년 넘게 해결되지 않았는지 알게 될 때까지는 많은 시간이 걸리지 않았다.

서울에서 에스컬레이터 없는 전철역 중에서 신정역이 가장 깊은

175

줄 알았다. 그러나 그게 아니었다. 서울메트로와 서울도시철도공사에서는 역이 깊은 곳에 연차적으로 에스컬레이터를 놓는 계획을 갖고 있었다. 그런데 우리 신정역의 우선순위로는 5년 후에나 가능한 일이었다. 내 국회의원 임기가 4년이니까 나는 완전히 '빌 공' 자 공약을 남발한 셈이었다.

서울도시철도공사 사장실로 쳐들어갔다. 음성직 사장이었다. 《중앙일보》 출신임을 미리 파악했기에 친정 식구 도와주는 셈 치고 무조건 해달라고 떼를 쓰기 시작했다.

"의원님, 저도 같은 회사 출신인데 어찌 마음이 안 가겠어요? 그런데 그게 안 됩니다. 우선순위라는 게 사장이 정하는 게 아닙니다. 게다가 이 안에 얼마나 많은 사람들이 보고 있는데, 같은 회사 출신이라고 사장이 봐줄 수 있겠습니까?"

"살려주세요. 서울에서 유일하게 전철이 없는 동네가 우리 신월1동에서 신월7동까지 일곱 개 동입니다. 이분들이 모두 신정역을 이용하는데 계단 다 올라오려면 정말 다리가 후들후들합니다."

방법이 없었다. 무작정 음 사장을 들들 볶았다. 어쩔 수 없었는지 아이디어 하나를 내놓았다.

"서울시 입장에서는 중앙정부로부터 예산을 받는 것이 하늘의 별 따기입니다. 만약에 우리 공사와 연계된 중앙정부 예산을 따내는 데 의원님이 도와주시면, 내부를 설득해서 어떻게라도 우선순위를 바꾸어보도록 하지요."

바로 '쓰리쿠션 예산'이라는 것이었다. 어차피 대한민국 모든 부서, 공공기관은 기획재정부 예산실로부터 예산을 배정 받아 사업을 진행한다. 기획재정부 예산실이라는 것은 그야말로 염라대왕전 저 승사자와 다름없다. 일개 공공기관으로서 예산실을 상대로 예산 로 비하는 것이 얼마나 어려운지는 알 만한 사람은 다 안다.

"좋습니다. 내가 그것을 따내줄 테니 무조건 1순위로 신정역 올려 주세요."

강만수 기획재정부 장관을 찾아갔다. 강 장관님은 나에게는 멘토이자 아버지 같은 분이시다. 2004년 무명인 나를 당시 이명박 서울시장에게 소개해주신 분이고, 내 인생의 고빗길마다 하나하나 손잡아주신 분이다.

"살려주세요. 아들 국회의원 만드셨으면 키워 주셔야지요. 예산실 사람들 어디 무서워서 만나겠어요? 장관님밖에 제가 누굴 찾아가겠습니까?"

사실 이러한 예산 확보 방식은 내가 써오던 방법과는 다르다. 바닥부터 실무자를 만나 설득하여 위로 올라가는 바텀업(bottom-up) 방식이 아니라 장관을 압박하여 아래 실무자를 움직이는 톱다운(top-down) 방식은 그리 효과적이지 않다는 것을 곳곳에서 확인한 터였다. 그러나 이 쓰리쿠션 예산만큼은 장관을 직접 공략하지 않으면 어림없는 일이었다.

우여곡절 끝에 예산이 확보되었다. 음 사장도 내심 놀라는 눈치가 역력했다. 2009년 말 공사가 시작될 예정이었다. 그런데 기다려도 기다려도 공사가 시작될 기미가 보이질 않았다.

"의원님, 아무리 설계에 설계를 거듭해도 에스컬레이터 놓을 공간이 나오질 않습니다. 기존 출입구도 인도 위에 간신히 놓아 사람들이 좁은 사잇길로 다니고 있는데, 에스컬레이터를 놓으려면 앞뒤로 최소 3미터씩 추가 공간이 필요합니다. 그렇게 하면 인도가 완전히 막힙니다."

정말 미치고 팔짝 뛸 일이었다. 예산은 확보되었는데, 구조상 공사가 불가능하다니. 옆에 있는 건물 일부를 매입하여 공간을 확보하는 방법밖에는 달리 손을 쓸 수가 없었다.

아무리 내가 강만수 장관과 가깝다고 해도 사유 건물을 사기 위해 예산을 줄 수는 없는 노릇이었다. 그래서 신정역 에스컬레이터 놓는 것이 20년 넘게 안 되는 일이었구나를 절감했다.

그러나 포기할 수는 없는 일이었다. 행전안전부 특별교부금을 받아내기로 작정했다. 행안부 특교는 국회의원의 실력을 보여주는 바로미터다. 이른바 얼마나 끗발 있는 지역구 국회의원인가를 가늠하는 잣대였다.

이럴 때 동원되는 것이 학맥과 지연이다. 어쩌겠는가. 당시 행안부 기획관리실장이 내 고등학교 선배였다. 선배가 서울시 공직자였을 때부터 잘 알던 처지였다.

"김 의원, 그래도 그건 쉽지 않겠는데. 근거가 마땅치 않아, 근거가."

아예 일주일에 두 번씩 광화문 행안부 청사를 찾아갔다. 결국 또 다른 방식의 '쓰리쿠션 예산' 전략이 실행되었다. 행안부는 지자체에 사업 보조를 할 수 있는데, 양천구 사업에 일부 특교를 내려주고,

신정역 에스컬레이터 시승식에서 동네 할머니의 손을 꼭 잡고 시승을 하다. ◥

양천구는 지원된 예산만큼의 몫을 지역 사업의 일환으로 사유 건물을 매입하는 작전이었다.

이제 정말 공사가 시작되는 줄만 알았다. 그런데 또 공사가 시작되질 않았다. 공사가 시작되면 불가피하게 주변 상가들은 피해를 볼 수밖에 없다. 어쩌랴. 가뜩이나 좁은 인도였는데 거기에 있는 상가들이 영업 피해보상을 하지 않으면 공사를 할 수 없다고 버텼다.

엎친 데 덮친 격으로 상가 주인 아들 하나가 사법고시를 오랫동안 준비했던 터라 법률에 조예가 깊었는지 공사에 들어가려하자 ‘공사중단가처분신청’을 내겠다고 공사 관계자들을 압박했다. 공사 관계자들은 굳이 재판에 휘말리면서 일을 진행하려 들지 않았고, 나는 발만 동동 굴렀다.

방법이 없었다. 시간도 없었다. 무조건 공사를 시작해야 했다. 공사 관계자를 설득했다. 일단 공사를 시작하자, 가처분소송이 들어와도 금방 끝난다, 판사가 공공의 이익을 높이 사지, 불가피한 사유로 인해 손해를 무한정 봐주지는 않을 것이다, 당신들 신상에 절대 피해 가지 않도록 내가 몸으로 막아주겠다며 악을 썼다.

한편으로는 구청도 상가 주인들과 협상에 나섰다. 현금 보상을 할 방법은 없다, 다만 공사 기간 동안 다양한 방법으로 영업 손실을 줄일 수 있는 방안을 찾겠다, 횡단보도 위치 조정을 통해 일부 도움을 줄 수 있도록 할 것이며, 구청 관보에 가게 광고를 무료로 내주겠다, 구청에서 사용하는 일부 물품을 당신들 가게에서 구매하겠다 등의 당근책을 내놓으며 달랬다.

천신만고 끝에 공사가 개시되었고, 상가가 제기한 가처분소송은 이유가 명확하지 않다고 기각되었다.

이렇게 신정역 에스컬레이터가 완공이 되었다. 2011년 1월, 신정역 에스컬레이터 탑승식이 거행되었다.

난 할머니 두 분의 손을 꼭 잡고 최초로 에스컬레이터 위에 올라섰다. 깊은 지하에서 지상을 향해, 하늘을 향해 에스컬레이터가 움직였다. 나는 더욱 할머니 손을 꼭 쥐었다.

그래, 신정역에도 드디어 에스컬레이터가 생겼다고, 생겼어.

"답답하시죠?
전 환장하겠습니다"

 신정네거리역 에스컬레이터 놓기 프로젝트

신정3동과 신정1동에 걸쳐 있는 신정네거리역에도 에스컬레이터가 없다.(신정3동은 양천을 지역이고 신정1동은 양천갑 지역인데 이것이 중요하다.) 신정역만큼은 아니지만 만만치 않게 깊다. 절벽에서 꽃을 꺾어 수로부인에게 바친 노인의 헌화가에 가히 비할 바다.

게다가 신정네거리역은 단선이라 전철 운행 횟수가 많지 않다. 출퇴근 시간대에는 가히 살인적이라 할 정도로 콩나물시루 지옥철이 된다. 이런 지옥철을 내리면 어마어마한 계단이 놓여 있다. 그것을 걸어올라가야 하는 것이다.

신정네거리역에는 신정1동(양천갑) 쪽에 출입구가 두 개, 신정3동(양천을) 쪽에 출입구가 두 개가 있다. 딸 수 있는 예산의 한도는 에스컬레이터 두 개를 놓을 것뿐이었다. 이 또한 지고지난한 '쓰리쿠션 예산' 작전을 통해 만들어졌다.

서울메트로 관계자가 실시 설계도를 가지고 국회 사무실로 찾아왔다. 의원님 참 대단하시다, 어떻게 한꺼번에 두 개 놓을 예산을 따왔을까 등 공치사가 끊이질 않았다.

어, 그런데 이상했다. 에스컬레이터를 놓을 출입구가 우리 신정3동에 두 개 다 있는 것이 아니고, 하나는 신정1동 쪽에 놓는 것으로 실시 설계가 되어 있었다.

"아니, 지금 나하고 장난하는 겁니까? 내가 미쳤다고 그 고생을 해서 두 개 놓을 예산을 따왔겠어요? 우리 동네 신정3동 주민들 좋으라고 그 악을 써서 예산 따왔더니, 웬 나하고는 관계없는 신정1동에도 에스컬레이터를 놓는단 말입니까?"

"예? 그건 또 무슨 소리입니까, 의원님? 우리야 신정네거리역 각 출입구 이용객을 분석해서 최적의 장소에 에스컬레이터를 놓는 게 임무이지 의원님 지역구에 놓는 게 아닙니다."

하기야 말은 맞는 말이었다. 게다가 실시 설계를 한 담당자는 내가 어떻게 어떤 이유로 예산을 따왔는지 모르는, 얼마 전에 이 부서로 옮겨 온 사람이었다.

이때부터 메트로와 치고 박고 그런 난리가 없었다. 나는 죽어도 그럴 수 없다고 하고, 메트로는 자기들은 죽어도 그리 해야 한다고 하고.

처음 예산을 따오기로 작정하고 이 일에 같이 참여했던 메트로 관계자를 찾았다. 다른 부서에서 일하고 있었다.

"이것 좀 보셔요. 아니 과장님은 다 알고 있지 않습니까? 내가 왜 그 난리를 치면서 이 예산을 한꺼번에 두 개 놓을 것을 따왔는지 말입니다.

이것은 정말 신의에 관한 문제 아닙니까? 과장님이 그때 사정 잘 설명해주시고 반드시 우리 신정3동 쪽으로 두 개 다 놓을 수 있도록 도와주세요."

이분, 정말 죽을 지경인 듯한 표정이다. 빌다가 소리 지르다가 또다시 빌었다. 결국 자신의 후임자에게 모든 것을 설명하고 계획 변경을 설득해보겠다는 다짐을 받아냈다.

얼마 후, 처음 찾아왔던 메트로 관계자가 찾아왔다.

"한번 해보기는 하겠습니다만 정말 안 되는 일입니다. 이런 전례도 없고, 이런 전례를 만들어서도 안 되는데……. 정말 저도 답답합니다."

"하이고 과장님, 과장님은 답답하시지요? 전 환장하겠습니다. 도와주세요. 은혜 잊지 않을 겁니다."

우리 보좌관이 그 과장을 찾아갔다. 술 한잔 하자고. 종종 영업 기법상 써 먹는 수법이다. 한참 술기운이 오르자, 그 과장은 우리 보좌관에게 이렇게 말했다고 한다.

"세상에, 뭐 이런 경우가 다 있습니까?"

우리 보좌관은 이렇게 대답했다고 한다.

"과장님, 우리 양천을 지역에서는 뭐 그런 일부터 별의별 일이 하루에도 몇 번씩 일어납니다. 우리 사무실에서는 일상입니다."

"대통령 못 모셔 오면 우리 끝장이다"

 2010년 추석 연휴 신월동 대침수 사태

2010년 9월 21일. 추석 연휴 첫날. 전전날부터 동네 경로당을 돌며 어르신들께 추석 인사를 다니고 있었다. 그날은 신월3동, 신월1동, 신월5동 경로당을 모두 돌 예정이었다. 오전 11시부터 지역 구의원과 돌기 시작하는데, 빗방울 굵기가 심상치 않았다. 경로당에 들어서자마자 회장님이 내 손을 꼭 잡는다.

"의원 양반, 비도 오는데 술 한잔 하고 가!"

어르신들이 주시는 술인데, 빼면 난리 난다. 이래서, 아침에 비서가 챙겨주는 헛개나무 즙은 내 의정 활동의 필수품이다.

신월3동을 마치고 신월5동을 넘어갈 즈음부터 비가 억수같이 퍼붓기 시작했다. 경로당 문들이 굳게 닫혀 있었다. 오늘 경로당 다 돌긴 틀렸다 싶었다.

바로 그때 눈앞에 생전 처음 보는 장면이 시작되었다. 맨홀 뚜껑이

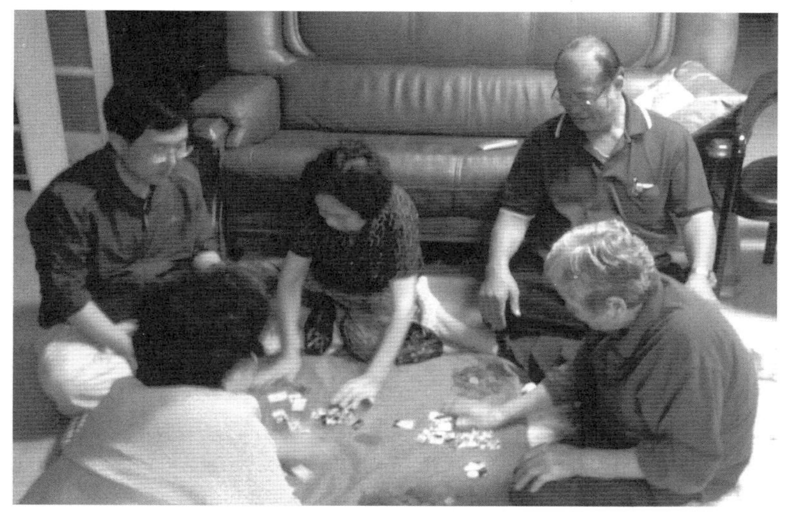

악몽의 추석 전날, 경로당에서 화투 패 돌리던 모습 ◀

훌러덩 젖혀지더니 하수가 솟구치는 것이 아닌가. 이와 동시였다. 전화통이 불이 나기 시작했다. 휴대전화기 속에서 신월1동 헤어스케치 미장원 사장님의 다급한 목소리가 들려왔다.

"의원님! 큰일 났어요……. 하수구가 역류해 미장원이 다 잠기고 동네 일대가 난리예요."

곧장 그쪽으로 차를 몰았다. 하수구에서 물이 뿜어져 올라오고 이면도로에는 무릎까지 물이 차올랐다. 전화기는 쉴 새 없이 울려댔다. 내 전화번호를 아는 당원들과 동네 주민들이었다. 추석 연휴 기간이라 구청 당직실에는 최소 인원만 근무했다. 동네 주민 센터에는 더 말할 것도 없었다. 한꺼번에 침수 신고가 들어오자, 구청이나 주민 센터나 전화가 완전히 불통되었던 것이다. 그러자 내 휴대전화로

▶ 신월1동 헤어스케치 앞 맨홀에서 빗물이 역류하는 모습

전화가 쏟아졌던 것임을 나중에야 알았다.

경찰서장과 소방서장에게 전화를 걸었다. 어차피 추석 연휴 비상 대기 명령이 내려져 있을 것이었으니 역시 즉각 연결이 되었다. 현장에 있는데, 완전 초비상사태이니 즉각 대처해 달라고 요청했다. 공수부대장에게도 전화를 했다. 가용한 병력을 보내 물 퍼내기 작업에 동원해 달라고 요청했다.

비에 흠뻑 젖은 생쥐 꼴을 해서 신월1동 주민 센터로 달려갔다. 아수라장이었다. 수백 명의 주민들이 양수기를 내놓으라고 아우성인데, 직원들은 양수기가 어디 있는지, 양수기를 찾으면 호스는 어디에 있는지, 양수기와 호스를 연결할 장비는 어디 있는지 도무지 정신을 차리지 못했다. 급한 대로 구의원에게 현장 책임을 맡겼다. 그

186

지역 구의원은 공수부대 하사관 출신이라 이런 긴박한 상황에서 위기 대응을 하는 데 능숙했다.

신월2동에 사시는 조직국장이 다급하게 전화를 걸어왔다. 난리가 났다고 말이다. 신월2동 주민 센터로 급히 차를 몰았다. 경인고속도로를 넘어가야 하는데 차들이 움직이질 못했다. 이미 고속도로도 침수되었던 것이다. 차에서 내려 우산도 못 받치고 뛰어서 신월2동 주민 센터로 향했다. 신월2동도 아수라장이었다.

신월2동 경창시장 안에도 물이 무릎까지 차올랐다. 아파트나 다세대 빌라 주차장은 이미 천장까지 물이 찼다. 반지하 다세대 주택은 완전히, 일반 주택은 사람 허리 높이까지 물이 차올랐다.

주민들 틈에 섞여 물 퍼내기 작업을 하다가 멱살을 잡혔다. 넌 뭐 하는 놈이냐, 혹시 공무원이냐, 이 지경 될 때까지 네 놈들 뭐 했느냐며 악을 썼다. 뭐라고 할 것이며, 무엇을 할 수 있었겠는가.

사람들이 흥분하기 시작했다. 조금 비가 잦아들었는지 도로에 찼던 물이 빠지기 시작했다. 그런데 얼마 안 있어 물이 다시 원래대로 차올랐다. 이런 과정을 동네에 따라 두세 번씩 반복했다.

"공무원 놈들, 자기들 명절 쇠느라고 빗물 펌프장 안 돌리는 거야. 이미 갔다 온 사람도 있다는데, 펌프장에 공무원들이 거의 자리에 없다는 거야. 이 나쁜 놈들."

소문은 삽시간에 퍼져 명절도 못 쇠고 필사적으로 물푸기 작업에 동원된 공무원들을 몰아세웠다. 사실 빗물 펌프장은 정상 가동되고 있었다. 자동시스템으로 운영되기 때문에 몇 명의 시스템 운영 인력만 있으면 펌프장 가동에는 아무런 문제가 없었다. 긴박한 상황에서 유언비어라는 것이 어떻게 퍼져 나가는 것인지를 똑똑하게 보여주는 장면이었다.

이날 비는 백 년 만의 대폭우였다. 시간당 최고 100mm씩 5시간 동안 총 380mm가 내린 어머어마한 폭우였다. 신월1동, 신월2동, 신월4동, 신월5동, 신정4동의 피해가 극심했다. 약 5천 세대의 집들이 침수 피해를 당했다. 전쟁터와 다름없었다.

오후 5시 반부터 비가 잦아들기 시작했다. 동네는 아비규환이었다. 집집마다, 주차장마다 물을 퍼내느라 정신이 없었다. 내 정신도 아득해졌다.

'아, 내일이 추석인데…… 이제 어떻게 해야 하나? 갈갈이 찢긴 주민들의 마음이 폭발할 텐데 이를 어찌하면 좋단 말인가?'

'이 비가 그치고 나면 그다음은 어쩔 것인가? 그저 위로금 몇 푼 주고 끝나지 않겠는가? 서울에 물난리 난 것 가지고 중앙정부가 수방대책 예산을 주기나 하겠는가? 서울시도 우리 동네만 물난리 난 게 아닌데 양천구에만 예산을 몰아줄 수 있겠는가?'

생각이 여기에 미치자 나는 더욱 암담해졌다. 지역 사무소로 돌아와 찢어진 옷을 갈아입었다. 애꿎은 담배만 빽빽 피워댔다. 그때 번개처럼 머릿속에 묘안이 떠올랐다.

'대통령을 모시고 와야 한다. 대통령이 추석 날 실의에 빠진 주민들을 직접 위로하고, 다시는 이런 일을 겪지 않도록 수방대책 수립을 약속하게 해야 한다. 대통령이 약속해야 중앙정부와 서울시가 예

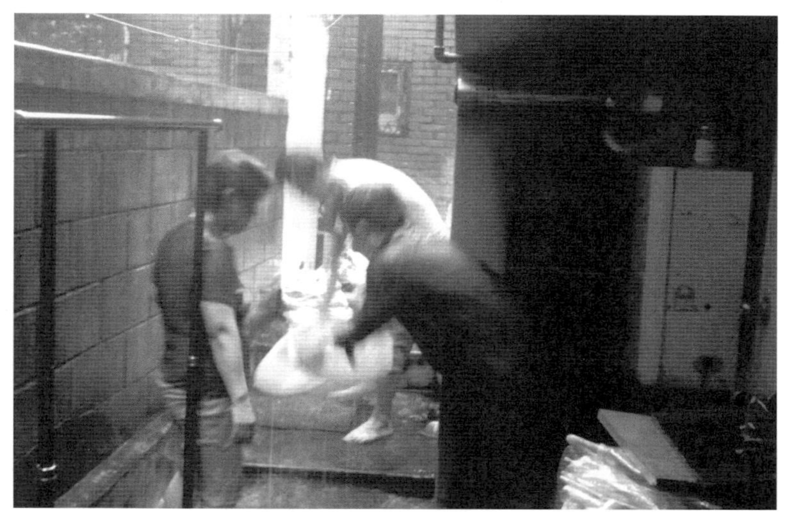

급한대로 주민들과 물 퍼내는 작업에 돌입했다. ◣

산을 줄 것이다. 그것밖에 살 길이 없다.'

맹형규 행정안전부 장관에게 전화를 걸었다. 빨리 이곳으로 와 달라고 통사정했다. 맹장관은 수해대책 주무장관이라 자리를 비울 수 없다는 말만 했다. 정진석 대통령 정무수석에게 전화를 했다.

"형님, 우리 신월동 사람들 다 죽게 생겼습니다. 내일이 추석인데 어쩌란 말입니까? 내일이라도 대통령께서 직접 오셔서 피해 현장 둘러보시고 주민들 위로해야 합니다."

"김 의원, 정말 답답하지만 지금 대통령께서는 지방으로 휴가를 가셨다네. 내가 어찌할 상황이 아니야."

"아니, 지금 무슨 소리를 하는 겁니까? 사람들 다 죽게 생겼는데, 내일 추석상은커녕 밥도 못 먹게 생겼는데, 명절 휴가라니요? 안 됩

189

니다. 우리 신월동이 최고 피해 지역이니 내일 무조건 대통령이 오셔야 합니다. 그게 공정사회고, 그게 친서민 정책 아닙니까? 형님이 무조건 모시고 오셔야 합니다."

그야말로 악에 받쳐서 고함을 질렀다. 저녁 내내 맹형규 장관, 임태희 대통령실장, 정진석 수석에게 전화하여 전화기에다 대고 욕을 퍼부어댔다.

견디다 못한 맹 장관이 그날 밤 11시 반경에 차관을 보냈다. 도대체 어느 지경인데 김용태가 저리 날뛰느냐고 한번 보고 오라 했을 것이었다.

동네에 차관이 도착하자 침수된 집들을 보여주었다. 어디 사람이 살겠느냐고, 당신 눈으로 똑똑히 보고 장관에게 보고하라고 윽박질렀다. 한 시간가량을 온 동네 침수 피해를 보고 나더니, 차관이 장관께 건의하여 청와대로 연락드릴 수 있도록 해보겠다고 했다.

다음 날 추석 새벽에 청와대 경호실에서 연락이 왔다. 대통령이 오후에 방문할 예정이니, 경호실이 미리 가서 동선 확인 작업을 할 것이라는 전화였다. 경호실 관계자들과 만나 대통령이 방문할 장소로 침수 피해 세 집과 신월1동 신영시장을 지정했다.

오후 4시경, 대통령이 신영시장에 도착했다. 행안부장관, 대통령실장, 대통령 정무수석, 서울시장, 소방방재청장 등 기라성 같은 정부 요인들이 침수 피해 가구로 들어섰다.

이제 그 무엇보다도 대통령의 지시 사항을 받아내는 것이 중요했다. 대통령의 입으로 이 동네 수방대책을 철저히 수립하여 시행하라

대통령, 서울시장과 침수 피해자를 위로하는 모습◥

는 그 한마디가 중요했다. 대통령 바로 옆에 서서 사람이 어디 살겠냐며, 우리 동네는 조금만 비가 와도 침수 피해가 발생한다고 간절하게 설명했다. 이윽고 대통령의 지시 사항이 될 말이 시작됐다.

"서울시장 그리고 행안부장관, 소방청장. 김 의원 말대로 내가 서울시장 해서 이 지역은 잘 알아요. 서민들 사는 동네인데 상습 침수 지역이에요. 근본 대책을 세워야 해요. 특히 기후변화 때문에 예전 기준으로 세워서는 소용없으니 새로운 기준에 입각해 대책을 시행토록 해주세요."

아아, 대통령의 지시 사항을 드디어 손에 쥐게 되었다.

행안부장관과 서울시장을 들들 볶기 시작했다. 오늘이 추석이다, 재해위로금을 당장 주어야 한다, 괜히 피해 조사한답시고 시간 끌다 보면 가뜩이나 상처 받은 사람들을 더 자극하게 될 것이다, 간이로 침수 사실 확인 절차만 마치고 바로 돈이 지급되도록 해달라고 악을 썼다.

결국 서울시와 행안부는 재해구호기금을 풀어 추석 연휴 다음 날부터 침수 피해 가구에 대해 각각 백만 원씩 이백만 원의 긴급재해 위로금을 지급했다. 사상 최단기일 내에 지급된 것이다.

그러나 위로금 지급 대상에서는 침수 피해를 입은 상가나 공장은 제외되었다. 이들은 개인 사적 보험을 통해 해결할 일이라는 것이다.

"아니, 무슨 소리예요? 솔직히 말해 주택 침수야 가구, 가전, 이불 피해고 장판하고 도배하면 되지만, 상가는 물건 다 버리고 공장 기계 다 못 쓰게 되었는데……."

"돈이 문제가 아니에요. 위로금이라는 게 피해를 복구하는 데 힘내시라는 것 아닙니까? 이들한테도 위로를 해주어야지 불난 데 부채질하면 됩니까?"

결국 피해를 입은 상가나 공장에도 백만 원씩 위로금이 지급되었다. 피해에는 터무니없이 못 미치지만 급한 대로 민심이 격화되는 것은 막을 수 있었다.

"그게 목동 땅입니까? 양천구 땅이지!"

신월·신정동 수방대책 예산 확보 투쟁기

진짜 싸움은 그다음부터였다. 대통령의 지시 사항을 손에 쥔 나는 근본적인 수방대책 예산을 확보하기 위해 관계기관 대책회의를 소집했다. 기획재정부, 환경부, 소방방재청, 양천구청, 강서구청 관계자를 불러 회의를 시작했다.(우리 동네 수방대책은 옆에 붙어 있는 강서구 화곡동과 공동으로 진행하지 않으면 안 되는 구조이기에 강서구청도 공동 운명체였다.) 성질이 불같은 강서갑 구상찬 의원도 함께했다.

그러나 각 부처의 태도는 미적지근하다 못해 모두 딴청을 부리는 듯했다. 어디 양천구, 강서구만 피해 봤느냐는 것이었다. 예상했던 일이었다.

중앙정부가 서울에 수방 예산 주는 선례가 생기면 자신들이 나중에 감당이 안 된다며 기획재정부가 반대했다. 환경부와 소방방재청은 기획재정부에서 우리 지역을 위한 별도의 예산을 편성해주면 모를까 자신들 예산으로는 수방 사업을 할 수 없다고 버텼다.

대통령 지시 사항을 테이블 위에 내놓았다. 태도가 바뀌었다.

'그럼, 그렇지. 무슨 소리들 하고 있는 거야, 이 사람들.'

밀고 당기는 지루한 싸움이 끝없이 이어졌다. 우리 부서가 왜 이리 돈을 많이 내야 하냐, 이건 서울시 일이다, 양천구 · 강서구는 왜 한 푼도 안 내냐, 자기 몫을 줄이기 위한 치열한 기 싸움이 계속되었다.

이러한 회의가 여섯 차례나 열렸다. 결론이 나지 않았다. 나는 회의장 문을 걸어 잠궜다.

"오늘도 결론 내지 못하면 아무도 이 문 못 나갑니다. 나도 이제 갈 데까지 갔습니다. 오천 세대가 잠겼는데, 대통령이 와서 특별 지시까지 했는데 이대로 물러설 수 없습니다. 아니 물러설 데도 없습니다. 협상합시다, 협상."

결국 각 기관의 예산 몫과 사업 내용이 결정되었다. 이제 내가 할 일은 두 가지였다. 하나는 연말 정기국회에서 논의된 사업에 대한 정부 예산이 차질 없이 통과되도록 하는 것이고, 또 하나는 우리 지역을 재해위험지구로 지정 받는 것이었다.

예결위원인 구상찬 의원과 악을 쓰고 돌아다녔다. 졸면 죽는다는 심정으로 상임위와 예결위에서 우리 지역 사업 예산 통과에 필사적으로 매달렸다.

막판 예결위 계수조정소위에서 위기가 닥쳤다. 나와 구상찬 의원은 회의실에 가서 그야말로 누워버렸다. 우릴 죽이라고, 아예 우릴

구상찬 의원과 재해위험지구 선정을 요구하는 기자회견을 하고 있는 모습 ◥

죽이세요. 그 예산 깎으면 어차피 동네에서 맞아 죽을 텐데 여기서 아예 죽이세요. 그야말로 배 째라 협박이었다. 결국 큰 차질 없이 사업 예산이 국회를 통과하였다.

이제 우리 동네를 재해위험지구로 지정 받는 일만 남았다. 재해위험지구는 기초자치단체에서 신청하여 소방방재청이 심사, 지정한다. 소방방재청과는 이미 얘기가 끝나 있었다. 그런데 구청이 신청을 차일피일 미루었다. 구청 관계자를 불러 이게 무슨 일이냐고 다그쳤다. 재해위험지구는 대개 기초자치단체 기준으로 지정되는데, 양천구가 지정되면 수해 피해가 없었고 고급 아파트 단지가 집중된 목동 주민들이 극렬하게 반발할 것이라는 우려 때문에 주저하고 있다는 것이다.

양천구가 서울에서도 가장 극심한 양극화 지역이라는 것을 또다시 뼈저리게 깨닫는 순간이었다. 아무리 국회의원이 압박을 해보았자 신월동뿐만 아니라 목동을 상대로 해야 하는 구청을 어찌할 수가 없었다. 결국 소방방재청과 다시 협상에 나섰다. 가까스로 구 단위가 아니라 동 단위로 재해위험지구를 신청해도 받아주도록 조정했다. 신월1동, 신월2동, 신월4동, 신월5동, 신정4동 이렇게 5개 동이 대상이었다.

그런데 또 구청이 미적거렸다. 화가 머리끝까지 솟구쳤다. 구청은 침수 피해가 아무리 컸어도 재해위험지구 지정 자체가 주민들의 불만을 불러올 것이라 우려하고 있었다. 지구 지정했다가 집값 떨어졌다고 주민들 원성을 사면 그때 어떻게 감당하느냐는 것이었다.

"그걸 왜 여러분이 걱정합니까? 정말 집값 떨어지면 이 동네 국회의원 나부터 죽는 겁니다. 무슨 소리를 하는 겁니까? 그리고 재해위험지구가 되었다고 집값이 떨어지는 게 아니에요. 이미 추석에 물 찬 집은 집값 다 떨어졌어요. 그게 자본주의 시장 원리입니다. 여러분들이 책상에 앉아 집값 떨어지면 어쩌나 걱정하기 훨씬 전에, 비 온 다음 날부터 이미 시장에는 다 반영이 되었어요. 재해위험지구로 지정되어서 국비 시비가 들어오고 그 돈으로 깨끗하게 수방 사업이 끝나면 정부에서는 우리 지역 재해위험지구 해제 절차를 밟을 것 아닙니까? 그럼 그때부터 이 동네 집 값은 뜨는 것이에요. 비 왔다 하면 보트 타고 돌아다녔던 풍납동, 망원동이 바로 그 증거 아니에요?"

한 달을 옥신각신 싸우다 간신히 설득에 성공했다. 그러나 정말 거짓말처럼 또 구청은 지구 지정 신청을 미뤘다.

재해위험지구로 지정되면 사업비의 60%가 국비에서 지원된다. 이 경우 나머지 40%는 서울시와 양천구가 반반씩 부담하도록 되어 있다. 이는 서울시 규정으로 서울 전체 25개 구에 공통으로 적용하는 일종의 룰이었다. 이 룰을 깨기는 거의 불가능한 일이다.

양천구는 3개년 사업에 120억 원을 부담하도록 되어 있었다. 그런데 재원이 없다는 것이다. 최고급 주택가인 목동을 끼고 있는 양천구이지만 부동산 침체로 인해 구 세수가 현저히 줄어 이 돈을 감당할 수 없다는 것이다. 120억 원을 대지 못해 600억 원 사업에 서울시 고유 사업 700억 원 사업, 총 1,300억 원 수방사업 계획 자체가 무산

양천구 수방대책 개념도 ◥

될 위기에 처했다. 예산이라는 것이 한번 기회를 놓치면 그야말로 언제 그랬냐는 듯이 없어져버린다. 쓸 곳은 많고 달라는 사람은 한이 없는데 예산은 늘 한정되어 있기 때문이다.

이제 실무자들과 입씨름할 시간이 없었다. 민주당 소속 구청장과 담판에 나섰다.

"정 돈이 없다면 구유지라도 매각합시다. 목동 쪽에 금싸라기 같은 구유지가 널려 있지 않습니까? 이번 기회를 놓치면 신월동, 신정동 수방 사업은 영영 날아가는 겁니다. 이런 천재일우의 기회를 놓친다면 구청장이나 저나 평생토록 주민들의 원망을 살 겁니다."

"김 의원이야 신월동, 신정동만 생각하면 되지만 저는 목동 주민들 입장도 생각해야 하지 않습니까? 양천을 지역 수방 사업 한다고 목동 쪽 땅 팔면 양천갑 주민들이 가만 있지 않을 겁니다."

"아니, 그 땅이 목동 주민들 땅입니까? 양천구 주민 땅이지요. 그리고 수방 사업을 신월동, 신정동에 합니까? 양천구 수방 사업하는 겁니다."

급기야 내 입에서 해서는 안 될 말이 나오고야 말았다.

"아니 그럼, 목동 사람들은 1등 양천구민이고, 우리 신월동, 신정동 사람들은 3등 양천구민입니까? 이러니까 양천군 신월리, 신정리라는 소리가 나오는 겁니다." 끝내 협상은 깨져버렸다. 나는 양천을 지역 우리 당 구의원들에게 구 예산 통과를 저지하라고 지시했다. 한번 끝까지 가보자, 누가 죽나 보자고 선언했다. 그러나 역부족이었다. 우리 당 양천갑 구의원들은 자신들 지역 주민들의 따가운 눈

서울시 관계자들과 수방 대책을 논의하는 모습 ◥

총에도 불구하고 적극 협조에 나서주었다. 반면 민주당 양천을 지역 구의원들은 이게 자기들 지역 일임에도 불구하고 처삼촌 묘 벌초하 듯 수수방관으로 일관했다.

시간은 흐르고 연말이 다가오자 소방방재청에서는 더 이상 기다 릴 수 없다며 사업 계획 자체를 없었던 일로 하겠다고 최후통첩을 보내왔다.

다른 방법이 없었다. 오세훈 서울시장에게 매달리는 방법밖에는 아무것도 없었다. 시장은 실무자에게 방법을 찾아보라고 했지만 룰 을 깰 수 없다고 실무자들은 완강히 거부했다. 매일매일 시장실로 찾아갔다. 시장이 있든 없든 간에 접견 대기실에 앉아 있었다. 결국 시장이 단안을 내렸다.

"서울시에서 60억 더 부담하는 거예요. 다른 곳도 아니고 상습 침수 지역 아닙니까? 나도 나흘이나 연속으로 신월동, 화곡동 침수 지역을 방문했지 않습니까? 해주십시다. 저러다 김 의원 말라 죽겠어요. 그리고 나도 더 이상 김 의원 등쌀에 살 수가 없습니다."

지금 돌이켜보면, 추석 전날부터 오세훈 시장이 최종적으로 단안을 내리던 날까지 한 장면 한 장면이 영화필름처럼 내 머릿속에 돌아간다.

오 시장에게 확답을 받고 돌아온 그날 밤, 우리 마누라가 무심코 던진 한마디를 잊을 수 없다.

"건중 아빠, 어디 돈을 한번 그렇게 벌어봐요."

내 처보다 나를 더 사랑한 여인

 **2010년 대침수 때 쓰러진 백혜숙 씨 쾌유를 기원하며**

백혜숙 씨를 처음 만난 건, 2008년 1월이었다. 하이고, 목소리는 기차 화통을 삶아먹었는지 쩌렁쩌렁하고, 몸매는 발끝이 보일라나 절구통같이 육중했다. 신월7동에서는 백대장으로 불릴 만큼 온갖 자원봉사는 도맡아 다하는 동네 지킴이였다. 혼자서 자식 셋을 키우고 살림살이 늘 달랑달랑해도 온통 동네 걱정 다 하고 사는 오지랖 넓은 아줌마였다.

내 선거 운동한다고 마티즈 차에 온통 내 얼굴 그려진 선거 포스터를 붙이고 다니면서 악을 쓰고 김용태, 김용태를 외치고 다녔다. 이 꼴이 보기 싫었는지 누가 밤에 차를 박살냈다. 새벽에 전화를 걸어와 "그렇다고 내가 기죽을 줄 알아. 두고 봐, 내가 김용태 꼭 국회의원 만들 테니까"라며 울먹였다. 다음 날 아침, 백 대장은 정말 정신 나간 사람처럼 꼭두새벽부터 오밤중까지 김용태, 김용태를 외치며

골목골목을 누비고 다녔다.

온 동네를 물바다로 만들었던 2010년 추석 연휴가 끝난 24일 새벽. 백혜숙 씨가 전화를 해왔다. 시작부터 천둥이 쳤다.

"내가 사랑하는 김 의원님, 물난리 해결하느라 얼마나 죽을 고생이에요? 다 듣고 있어요. 얼마나 장한지 몰라. 그런데, 지금 우리 동네 사람들 다 죽게 생겼어요. 빨리 와, 빨리."

서울의 서쪽 끝 신월7동, 그중에서도 가장 끝 지양마을에 백혜숙 씨 말대로 정말 난리가 났다. 물난리 때문에 정신이 없었고, 대통령 모시고 와서 재해위로금 지급하고 예산 확보 전략 짜느라 정신없던 판이라 우리 동네서 가장 높은 지대에 있는 지양 마을은 생각할 겨를도 없었다.

지양마을은 20여 년 전, 사유지였던 지양산 중턱을 절개해 택지를 조성, 다세대 빌라를 지어 분양한 곳이다. 대부분 20평 내외의 서민주택촌이다. 위쪽으로는 축대를 경계로 지양산이 있고, 아래쪽으는 축대를 경계로 전경기동대와 국립과학수사연구원이 있다. 축대 위에서 아래를 보면 그야말로 낭떠러지다. 어떻게 이런 곳에 택지 조성 허가가 났을까 싶을 정도다.

택지 조성 당시 축대는 택지 안으로 편입되었다. 지양산 주인의 축대가 아니요, 전경기동대와 국립과학수사연구원의 정부의 축대도 아니었다. 축대는 택지 소유였다. 축대의 책임은 택지에 있었다.

백혜숙 씨의 전화를 받고 나서 지양마을로 달려갔다. 산 쪽 경계인 축대가 추석 전날 대폭우로 인해 마을 쪽으로 밀려 기울어져 있었다. 원래 축대와 빌라 사이가 채 1 미터도 떨어져 있지 않았다. 축대 위쪽이 빌라에 딱 닿을 듯이 기울어져 있었다.

새벽에 마을 주민들이 구청과 경찰서에 신고했다. 구청과 경찰서는 빌라 주민들에게 소개 명령을 내렸다. 언제 축대가 무너질지 모르니 대피하라는 것이다. 구청에서는 임시로 지지대를 설치하기로 결정했다. 이때 사단이 터졌다.

축대 위쪽이 밀려 빌라 쪽으로 붙어 있다. ◀

"주민 여러분, 이 축대는 사유지입니다. 위급 상황이라 구청 돈으로 지지대를 설치하지만, 향후 빌라 주민들에게 구상권을 행사할 겁니다."

"구상권이라니, 그게 무슨 소리예요?"

"지지대 설치 비용을 구청에서 낼 수 없다는 겁니다. 여러분들이 지지대 설치 비용을 나중에 구청에 납부해야 합니다."

"뭐라구요? 어떻게 축대 보수한다는 말은커녕 한다는 소리가 그 잘난 임시 지지대 세워주면서 나중에 돈을 받아가겠다구요? 차라리 우린 집에 있다가 축대 무너져서 여기서 죽을랍니다. 이게 나라에서 할 소리입니까?"

주민들은 경찰들의 제지에도 불구하고 모두 다 집 안으로 들어갔

다. 백혜숙 씨는 주민들에게 우리 동네 국회의원이 도착하니 무슨
수가 있을 것이라며 빌라 앞에다 주민들을 불러 모아놓았다. 백혜숙
씨는 자신만만하게 얘기했다.

"우리 일 잘하는 김 의원님, 우리 서민들이 무슨 돈이 있겠어요?
그리고 집주인이 여기 살지도 않고 대부분 세 사는 사람들인데 무슨
수로 축대를 고치겠어요? 나라에서 이런 것 해주겠지요? 어제 그제
우리 동네 대통령 다녀가셨다는데, 대통령께 말씀드려서 이것 좀 해
결해주세요."

그러나 나라고 무슨 뾰족한 수가 있을 리 없었다. 서울시 부시장에
게 전화했다. 무슨 방법이 없겠냐고 사정하자, 사유지라 그 어떤 경
우에도 불가능하다고 딱 잘라 거절했다. 급한 대로 서울시 관계자라
도 보내서 사태를 논의하자고 요청할 수밖에 없었다. 서울시 국장이
왔건만 그 사람도 딱히 답을 내놓을 수가 없는 처지였다.

사람들이 자꾸만 모여들었다. 네 놈들이 그러고도 나라 월급 받아
먹느냐, 정치하는 놈들 다 죽일 놈들이다, 못사는 사람은 이렇게 죽
어도 좋다는 거냐며 고함치고 울부짖었다.

쫓기다시피 마을을 빠져나왔다. 막막했다. 백혜숙 씨의 절규 소리
가 귀에 쟁쟁했다. 당장 무엇인가를 해야 하는데 이러다 정말 사람
이 죽는데…….

이재오 국민권익위원장에게 전화를 걸었다. 이재오 장관은 내 나
이 스물네 살 때 민중당 자원봉사하러 가서 알게 된 이후 20년 넘게
나의 멘토이자 정치적 후견인이었다.

이재오 장관이 축대 붕괴 현장을 살피고 있다. ◥

"장관님, 살려주세요. 이번 폭우에 수만 건의 침수 피해가 났지만 사람 죽은 데는 없었습니다. 그러나 지양마을은 사람들이 죽게 생겼어요.

게다가 지양마을 아래 전경기동대에는 축대 바로 밑에 전경 숙소가 있습니다. 축대가 붕괴되어 마을이 잘못되면 그 밑에 전경들도 다 죽습니다."

다음 날 이재오 장관이 지양마을에 도착했다. 마을 주민들이 구름같이 몰려들었다. 축대를 둘러보고 아우성치는 주민들 속에서 나는 오세훈 시장에게 연결된 휴대전화를 이 장관에게 건넸다.

"오 시장, 나 이재오요. 여기 김용태 의원 지역구에 와 있는데, 잘못하면 큰 일 나겠는데요. 사람들 떼죽음 나겠어. 나도 사정 얘기는

들었어요. 그래도 어쩝니까? 여기 있는 사람들이 무슨 수로 이 축대
를 고치겠어요?

서울시가 나서서 방법을 찾아봐요. 나도 어떻게든 도울 테니까.
밑에 있는 사람들이야 안 된다고 하겠지만, 오 시장하고 나하고 책
임지면 될 것 아닙니까?"

이 장관의 전화를 받은 오 시장은 당장 실무자 회의를 소집했다.
나도 회의에 참석했다. 수단과 방법을 가리지 말고 대책을 내놓으라
고 다그쳤다.

결국 서울시 재해구호기금에서 재원을 만들기로 했다. 재해구호
기금은 재해구호금 이외 재해위로물품 용도로 사용할 수 있었다. 지
양마을 축대를 일종의 재해구호금 및 재해위로물품으로 간주하여

▼ 이재오 장관이 다녀간 후 축대 보수 공사를 시작한 모습

지양마을 주민들에게 전달하는 것으로 아이디어를 냈다. 전례가 없는 편법이었지만, 나중 일은 나중에 대처하기로 했다. 의사결정에 참여한 서울시 관계자가 울상을 지었다.

"의원님, 이러면 나중에 우리는 다 감사 걸려서 불이익 받습니다. 그때 누가 책임을 지겠습니까? 우리만 죽어 나가는 거예요."

"아니, 무엇이 걱정입니까? 시장이 지시하고 천하의 이재오 장관이 책임지겠다고 했는데. 나중에 감사에 걸리면 내가 대통령한테 말해서라도 책임질게요. 상을 못 줄망정 불이익을 받아서야 되겠어요?"

임시 지지대가 설치되고, 전면적인 축대 보수 공사가 시작되었다. 백혜숙 씨는 공사 현장 앞에 모여 있는 주민들 앞에서 펄쩍펄쩍 뛰었다.

"거봐, 이 사람들아. 내가 그랬잖아? 우리 김용태가 다 해결할 거라 했지? 수백 명 몰려와봤자 소용없어. 우리 김용태가 결국은 해낸 거라구."

다음 날, 백혜숙 씨 큰 아들에게 전화가 왔다.

"의원님, 우리 어머니 죽어요. 뇌출혈로 쓰러지셨어요."

"아니 그게 무슨 말이야? 어제 밤에도 통화했는데. 그냥 좋아서 어쩔 줄 모르더니."

"어머니, 밤새 흥분해서 여기저기 전화하고 난리가 아니었어요. 그러다 새벽녘에 뇌혈관이 터져버린 것 같아요. 살려주세요."

이대 목동병원으로 한달음에 달려갔다. 아들 셋이 눈이 퉁퉁 부은 채로 중환자실 앞에 앉아 있었다. 막내 아들은 아직 중학교 3학년이었다.

의사가 가족을 불렀다. 아직 애들이 어려 내가 보호자라며 나섰다.

"지금 뇌가 퉁퉁 부은 상태라, 당장 두개골을 절개하여 붓기를 빼내지 않으면 안 됩니다."

"붓기 빼면…… 생존 확률은 어느 정둡니까?"

"20% 정도밖에 안 됩니다."

"수술해서 생존했을 경우, 보통 중풍 환자처럼 한쪽이 마비된 채로 살아갈 수는 있을까요?"

"어려울 겁니다. 워낙 출혈 범위가 커서 뇌 기능이 거의 손상되었어요. 아마 평생 누워서 살아야 할 겁니다."

아들 셋을 불러 앉혔다.

"내 말 잘 들어. 내가 너희들 가족은 아니지만, 너희 어머니는 내 가족이나 마찬가지다. 어머니 수술해도 살아날 가망이 별로 없어. 게다가 살아난다고 해도 평생 누워서 살 수밖에 없을 거다. 내 어머니가 중풍으로 돌아가셨다. 내가 이 병 누구보다도 잘 안다. 너희 큰 놈이나 작은 놈이나 아직 장가도 못 갔잖냐? 막내는 이제 중3이고. 너희들 어머니 감당 못 한다. 세상 천지에 너희 어머니처럼 부지런한 사람이 어디 있더냐? 평생 누워서 지내면 제 풀에 못 이겨 돌아가실 게다. 그러니 어머니 이대로 보내드리자."

큰아들이 제 동생들을 데리고 한참을 얘기하더니 의원님 말대로 하겠다고 했다. 의사에게 두개골 절개 수술을 포기하겠다고 하니, 임종을 준비하라고 한다.

백혜숙 씨가 다니는 신월동 성당 신부님께 연락을 드렸다. 신부님은 그 자리에 국회의원이 있는 것을 보고 어리둥절한 모양이었다. 사정 얘기를 말씀드리자 그제서야 종부성사(천주교 임종 의식)에 들어갔다.

백혜숙 씨 얘기는 현장진행형이다. 수술을 하지 않았음에도 불구하고 백혜숙 씨는 돌아가시지 않았다. 그날 밤 고비를 넘기고 뇌의 붓기가 빠지기 시작했던 것이다. 그러나 의식은 찾지 못했다. 이 글을 쓰는 지금까지 의식을 찾지 못한 채 병석에 누워 투병 중이다.

국회의원은 어떤 일이 일어나도 할 일은 해야 한다. 이제는 백혜숙 씨 장기 투병을 준비해야 했다. 보좌관이 방법을 찾아냈다. 백혜숙 씨의 경우 나이가 55세이지만 노인장기요양보험 혜택을 볼 수 있다는 것이다. 질환 자체가 노인성 질환이기 때문에 연령과 관계없이 보험대상자에 해당되었던 것이다.

지금도 백혜숙 씨는 노인요양병원에서 투병 중이다. 절구통 같던 그 몸이 다 어디 가고 가녀린 처녀 몸매로 침대에 누워 있다. 기차 화통을 삶아먹은 듯 천둥 같던 목소리는 들리지 않고 끊어질 듯 이어지는 숨소리만 내고 있다.

신월동의 전설 백혜숙 씨, 빨리 일어나세요.

내 처보다 나를 더 사랑했던 여

인이여. 그 이름은 백혜숙.

당신이야말로 자기 몸을 던져 지양마을을 구한 사람입니다.

당신이야말로 살신성인의 표상이요, 신월동의 전설입니다.

사랑합니다. 빨리 일어나십시오.

제6장

국회의원 헛방이다

《서울경제신문》 '로터리' 난에 실린 칼럼들.
먼 곳 얘기가 아니라 우리네 사는 풍경이 담겨 있습니다.
바로 우리들 이야기입니다.

동네 주민들과 민원 간담회를 하고 소주를 한잔한 뒤 집에 들어갔다. 자정이 넘은 시각이었다. 그런데 처가 혼자 맥주를 마시고 있었다. 무안하기도 해서 슬쩍 농을 건넸다.

"서방 보고 좀 일찍 들어오라 하지, 무슨 청승이야?"

처가 쏘아붙인다.

"딴소리 말고 돈 1,500만 원 구해 와요!"

전셋값을 올려줘야 한단다.

"뭔 소리여 지난해에 3,000만 원 올려줬잖아?"

사연인즉 이랬다. 지난 2008년 총선 출마를 결심한 후 하루빨리 지역구로 이사를 가야 했다. 시간이 없어 원래 살던 집은 전세를 주고 지역구인 서울 양천구 신정동에 전세를 얻었다.

부동산에 집을 내놓고 무던히도 팔아보려 했으나 보러 오는 사람

▼ 국회의원 헛방이라고 말하는 우리 아내, 그리고 우리 아이들

도 없었다. 2년이 그냥 지났다. 어쩔 수 없이 전세를 갱신해주고 나 또한 전세를 갱신했다. 집주인이 시세대로 3,000만 원을 올려달라고 했다. 문제는 내 집에 전세를 사는 사람에게는 전셋값을 올려달라는 말이 떨어지지 않았다는 것이다. 3,000만 원을 대출했다.

속이 상한 처는 1년 사이에 어떻게든 집을 팔겠다고 작정하고 지금 살고 있는 집의 전세 계약을 1년만 했다. 그 1년 사이에 우리 집은 여전히 팔리지 않았다. 1년이 지나자 우리 집주인이 시세가 그러하니 1,500만 원을 더 올려달라고 했다는 것이다. 물론 임대차보호법에 의해 1년 계약했어도 2년간 살 수도 있다. 그렇다고 동네 주민인 집주인과 국회의원이 싸울 수는 없는 노릇이 아닌가.

처에게 저간의 사정을 다 듣고 나서 어떡하겠나. "내일 대출 받아 올게" 하며 위로했다. 이 말을 듣고 처가 한마디 한다.

"참, 국회의원 헛방이다. 전세 올려 달라면 저는 다 올려줘야 하고

214

정작 저는 전셋값 못 올려 받으니…….”

올 3월 말 기준 가계부채가 800조 원을 넘었다. 특히 심각한 것은 가처분소득 대비 부채비율로 153%에 이른다. 세계 9위 수준이다. 월급을 받아도 쓸 돈이 없다는 뜻이다. 이자 갚는 데 쓰고 나면 남는 게 없다. 그러니 하우스푸어라는 아우성이 터져 나온다. 가계부채 잡자고 금리를 올리면 기존 채무자는 더욱더 힘들어진다.

방법이 없다. 완만하게 지속적으로 경제가 상승하는 것만이 나라도 살고 국민도 살길이다. 정부와 국회가 필사적으로 경기를 살려나가는 방향으로 힘을 모아야 한다. (《서울경제신문》, 2011년 7월 6일)

'야동순재'에 대한 유감

 "묻지도 따지지도 않습니다. 지금 전화하시면 나이에 관계없이 즉시 보험 가입됩니다."

아마 TV에서 가장 많이 나오는 광고 문구일 것이다. '대발이 아버지', '야동순재' 등의 애칭으로 대중의 사랑을 듬뿍 받는 국민 탤런트 이순재 선생님. 그 인자하신 모습으로 어르신들에게 보험 가입을 권유한다. 나도 그분의 팬 중 하나다.

이 보험은 어르신을 상대로 한다. 어르신들은 자식에게 부담을 주지 않으려 사망하거나 아플 때를 대비해서 보험을 들려 한다. 그러나 나이가 많아 보험에 들지 못하거나 보험료가 터무니없이 비싸다. 바로 이 보험은 어르신들의 마음을 정확하게 파고들었다. 그 결과는 대박이었다.

그러나 이 보험에 대한 소비자들의 원성이 만만치 않다. 나는 이 문제를 국회 정무위원회 금융감독원 국정감사에서 2년 연속 제기했다.

이 광고의 최대 문제점은 두 가지다.

첫째, 이 보험은 '갱신형 상품'이다. 5년짜리 갱신형 상품은 그 기간 내 사망하거나 아프지 않으면 돈만 붓다가 끝난다. 다시 가입해야 하는데 그 전에 돈 부은 것 모두 무효다. 게다가 나이를 더 잡수셨기에 위험도가 커졌다고 보험료도 많이 올린다. 그런데 광고 어디에도 갱신형 상품이 무엇을 의미하는지에 대한 설명이 없다.

둘째, 보장 혜택 중 상당수가 '특약' 조항이다. 기본 계약 이외 돈을 더 내는 계약을 해야 보장 받을 게 많다는 것이다. 얼마나 돈이 더 드는지 자세한 설명이 없다. 물론 최종 계약할 때 제시되는 약관에 다 나와 있다. 그러나 젊은 나도 자세히 읽지 않는 깨알 같은 약관을 어르신이 제대로 읽겠는가.

난 원칙적으로 TV에서 보험 파는 것을 반대한다. 당국은 수요가 있고 내수도 활성화하는 차원에서 오히려 확대할 기세다. 소비자 특히 어르신들이 내용도 잘 모른 채 광고 효과에 혹해 덜컥 보험에 가입하는 것을 계속 보고만 있을 것인가. 나는 이번 정기국회에서 TV에서 보험 파는 것을 규제할 법안을 제출할 예정이다.

참, 치과 관련 보험도 잘 살펴보시라. 갱신형인지, 1년에 임플란트는 몇 개까지 가능한지 등. TV 화면에 뜨는 큰 글씨 말고 보일락 말

락 한 작은 글씨와 광고 말미에 엄청 빠른 속도로 뭐라 뭐라 얘기하
는 여성 분의 목소리를. (2011년 7월 13일)

"글쎄, 묻는 말에만
대답하세요"

 "글쎄, 묻는 말에만 대답하세요. 쓸데없는 소리 말고 예, 아니오만 대답하세요!"

나는 국회 증언하러 나오시는 분들께 결코 이렇게 질문하지 않으려 작정했었다. 국회의원이 되기 전 국회의원이 뭐라고 증인들에게 이 따위로 질문하는지 화가 났다. 그런데 지금 나는 똑같이 이 따위 방식으로 질문을 한다.

저축은행 국정조사가 곧 시작된다. 국민의 눈과 귀가 국회로 쏠릴 것이다. 처음에는 뭔가 새로운 것이 나오나 관심을 갖다가 그럼 그렇지 하고 고개를 돌릴 것이다. 검찰 수사에서 밝히지 못한 새로운 팩트(fact)가 나오지 않아서 그럴 수도 있다. 또 다른 이유를 찾자면 청문회 진행 방식이다.

이번 국정조사 위원은 18명이다. 공중파 생중계를 감안해 한 위원

당 질의시간은 답변을 포함해 대개 10분 내외이다. 10분이라고 해봤자 18명이 돌아가면서 다 질의하면 꽉 찬 3시간이다. 질의가 끊겨 다시 시작하려면 몇 시간이 지나야 한다. 그때는 생방송이 끊겨 관심도가 뚝 떨어진다. 따라서 위원들은 이 10분 안에 자신이 준비한 모든 것을 쏟아 부어야 한다. 금쪽같은 시간을 1초라도 낭비할 수 없다. 그러니 어디 답변 들을 시간이 있나. 준비한 내용만 호통치며 줄줄 읽고 만다. 누구 말대로 '들을 청(聽)' 자 청문회가 아니라 '내칠 척(斥)' 자 척문회다.

어떻게 해야 할까. 답은 의외로 간단하다. 청문회 위원 수를 대폭 줄여야 한다. 여야 대표 선수 3~4명만 뽑아 책임을 맡겨 당과 자신의 명예를 걸게 해야 한다. 당이 소수정예 청문위원들에게 정보를 집중해주면 제대로 된 질의응답이 나올 수 있다.

그리고 청문회 질을 높이기 위해서는 위증에 대한 강력한 처벌이 필요하다. 처벌 조항이 없는 것은 아니지만 그냥 시늉만 내는 꼴이다. 국회에 와서 위증하는 것은 국민을 속이는 것이기에 이를 근절할 방안이 절실하다.

국회의원 욕 얻어먹는 것 하나라도 고치겠다는 심정으로 나는 이 방식을 몇 차례 건의했지만 별반 반응이 없었다. 관행이라는 것이 무섭다는 것을 절감한다. 이번 청문회를 보고 또다시 건의해볼 작정이다. (2011년 7월 20일)

우리 시대의 영웅

선진국 진입의 핵심 지표로 기부문화를 빼놓을 수 없다. 빌 게이츠 마이크로소프트 창업자의 기부를 보면서 선진국 미국의 힘을 절감한다. 지난 2009년 기준 우리나라의 기부 액수는 개인 6조 원, 기업 3조 2,700억 원이다. 기업 기부를 빼면 경제 규모에 비해 많지 않다. 진수희 의원과 함께 '기부문화 활성화를 위한 법률 개정안'을 발의한 적이 있다. 기부 절차 간소화, 세제 혜택 강화가 골자였다. 문제의식은 단순했다. '우리나라는 국민성이 떨어져 기부 문화가 활성화되지 않았단 말인가?'

목동 신시가지 재개발 사업이 시작된 후 이주민들이 정착한 양천구 신정3동에는 신정3동 장학회가 있다. 여정숙 씨는 장학회 총무다. 여 씨를 포함해 슈퍼 주인, 도배사, 생선좌판 상인, 1톤 봉고 과일 행상 등 60여 분이 장학회 회원이다. 이들은 22년째 매달 1~2만원씩 적립해 형편이 어려운 학생 30여 명에게 장학금을 주고 있다.

차홍자 씨. 신월3동에 사는 연세 90세인 독거노인이다. 평생 김밥 장사하다 지금은 폐지를 수집한다. 이제껏 기부한 돈만 1억 원이 넘는다. 당신은 김치만으로 식사하면서 폐지로 모은 돈에 노령연금, 기초생활 수급비를 모두 기부해왔다. 얼마 전 신문지에 꼬깃꼬깃 싼 500만 원을 가지고 오셔서 "좋은 데 기부해 달라"고 부탁하셨다.

혹자들은 새마을부녀회를 관변단체로 치부해버린다. 그러나 동네 골목에 들어가 보라. 쌈짓돈을 아껴 독거노인들에게 음식 봉사를 한다. 제 집 앞 눈 치우는 것에 인색한 인심이건만 동네 궂은일을 하는 현장에는 바로 그 분들이 있다.

한 청소부가 있었다. 이 사람은 언제나 웃으면서 일한다. 누가 가서 물었다.

"어떻게 당신은 힘들고, 더럽고, 냄새나고, 돈도 얼마 못 버는 일을 하면서 웃을 수 있는지요?"

청소부가 대답했다.

"나는 지금 지구의 한 모퉁이를 깨끗하게 하고 있소. 그러니 행복하지 않을 수 있겠소."

바야흐로 대한민국은 선진국의 문턱까지 왔다. 그 견인차가 삼성의 갤럭시S2, 제네시스의 현대차라는 것을 부정할 생각은 없다. 그러나 미국의 시인 랠프 월도 에머슨의 말을 들어보시라. "세상 최고의 행복은 남모르게 선행했는데 우연찮게 드러나는 것"이라 했다.

속물근성이라 흉보는 사람도 있겠지만 누군가는 대한민국 공동체
가 무너지지 않도록 밑바닥에서 떠받치고 있는 우리 시대의 영웅들
을 소개해야 하지 않겠는가.(2011년 7월 27일)

지켜주지 못해
미안해

국회 저축은행 사태 국정조사가 파행을 거듭하고 있다. 핑계 없는 무덤이 어디 있으랴마는 '그럼 그렇지' 라는 국민의 자탄이 귀에 선하다. 특히 어느 여고생의 슬픔이 나를 더욱 무력감에 빠지게 한다.

홍미자 씨. 배달 주문을 주로 받는 작은 중국음식점을 하면서 식당에서 먹고 잤다. 딸은 식당에 붙어 있는 다락방에서 공부했다. 그 흔한 학원 한 번 제대로 다니지 않고 외고에 진학했다. 장차 외무고시에 합격해서 대한민국을 알리는 외교관이 꿈이라 한다.

매달 50만 원씩 부산저축은행에 정기적금을 붓던 어느 날 홍미자 씨는 은행으로부터 더 좋은 조건으로 계약을 변경하라는 제안을 받았다. 내용은 잘 몰랐지만 이자를 많이 준다니 이를 마다할 사람이 누가 있나. 지급정지 난리가 나자 그때서야 후순위채권으로 계약이

224

변경된 것을 알았다. 인생의 보람이자 의미였던 딸, 그 딸의 대학 공부 밑천 4,000여만 원이 한순간에 날아갔다.

홍 씨가 보여준 통장의 금융실명 확인란에는 다른 종이에 찍혀 있던 도장이 오려 붙여져 있었다. 국회 정무위원회 회의에서 3차례나 이 사연을 소개했다. 이것은 금융실명제 위반이 아니냐, 법 위반이면 원인 행위가 위법이니 후순위채권으로 계약변경 자체가 무효 아니냐고 따졌다.

김석동 금융위원장은 만약 사실 관계가 그러하다면 구제 방법이 있을 것이라며 철저한 조사를 약속했다. 그게 지난 5월 27일이었다. 그러나 홍미자 씨는 지금도 돈을 돌려받지 못하고 있다. 피해자들이 점거 농성을 계속하고 있기 때문이다. 법원의 퇴거명령이 떨어졌건만 농성 해산은 언제 끝날지 모른 채 금융감독원은 금융자료에 접근조차 못하고 있다. 정말 나라 꼴이 말이 아니다.

동료인 국정조사위원들에게 죄송한 얘기지만 국정조사 무용론은 어찌 보면 국회의 자업자득이다. 이렇게 되면 결국 특별검사제로 가서 끝장을 봐야 할 것 같다.

어찌 됐건 홍미자 씨의 이 기막힌 호소를 어찌 잊을 수 있겠는가.

"나같이 못난 어미 뱃속으로 나온 잘난 딸에게 너무 미안해요. 어미로서 새끼를 지키지 못해 미안해요. 딸은 그 돈 못 찾으면 이 나라를 떠날 거랍니다. 정말 착하고 잘난 우리 딸이 꿈을 잃지 않게 도와주세요."(2011년 8월 3일)

대한민국의 다섯 가지 기둥

팍스 아메리카나 시대는 저무는가. 디폴트 위기를 간신히 모면한 미국은 대대적 감축이 불가피해졌다. 더블 딥 공포가 세계를 덮치고 있다.

『렉서스와 올리브나무』의 저자 토마스 프리드먼은 《뉴욕타임스》 기고문에서 미국의 생존 방안을 제시했다. 싸울 때 싸우더라도 이제껏 미국을 지탱해왔던 다섯 가지 기둥은 지키자는 것이다.

① 기술이 요구하는 그 어떤 수요에도 대처할 수 있는 노동인력의 교육, ② 세계 최고의 물류 및 정보 인프라 구축, ③ 대학 경쟁력 제고와 새 비즈니스 창업의 토대인 높은 지적 능력을 지닌 이주민의 유입, ④ 모험을 장려하되 일탈을 제어하는 법적·제도적 규율 확립, ⑤ 과학 발전을 위한 연구비 증대와 벤처 비즈니스 도전자 및 투자자를 고양시키는 시스템 조성이 그것이다.

지금 대한민국은 어떤가. 반값등록금, 무상급식부터 한·미FTA, 대북지원까지 온갖 전선에서 갈등이 노정된 상태다. 위기의 본질은 불확실성이다. 자 그럼, 우리도 싸울 때 싸우더라도 훼손해선 안 될 '대한민국의 다섯 가지 기둥'은 정해야 하지 않겠는가. 어쭙잖지만 다음이 내가 생각하는 다섯 가지 기둥이다.

① 교육만이 살 길이라는 전 국민적인 믿음. 나는 못 배웠지만 자식만은 가르쳐야 한다는 소박한 믿음은 여전히 우리 최고의 경쟁력이다.

② 노동윤리 재정립을 위한 사회적 합의. 네 탓만 하면 공도동망(共倒同亡)이다. 기업간, 노사간, 노노간 공생 합의를 하되 위반자는 공동체의 적이라는 풍토를 세우자.

③ 가족이 무엇보다도 우선이라는 가치. 세계 최고 이혼율과 최저 출산율을 어찌하나. 가족을 지키는 복지 시스템 구축과 가족 가치의 재발견이 절실하다.

④ 한민족의 뉴 프런티어 개발. 650만에 달하는 한민족 네트워크를 통해 한반도를 벗어난 대한민국의 새로운 생존 기반을 찾아야 한다.

⑤ 통일 비용에 대한 확고한 국가 목표 수립. 통일은 한민족 생존의 필요충분조건이다. 통일 비용 저축의 고통은 불가피하다.

국민 한 사람 한 사람 대한민국의 다섯 가지 기둥을 세워보자.

(2011년 8월 11일)

국회의원이
이불 뒤집어쓰고 웃는 이유

영업 중에서 자동차·약·보험 영업이 가장 어렵다고들 한다. 지역구 예산 따내기도 간단하지 않다. 국회의원들은 지역 예산을 따내기 위해 1년 내내 예산 전쟁을 치른다.

지역구 예산 전쟁은 4단계로 이뤄진다.

1단계는 매년 6월이 되기 전까지다. 기획재정부 예산실은 각 부처로부터 예산 기획안을 접수하고 이를 전체 예산에 맞춰 가편성을 한다. 이때까지 어떻게 하든 지역구 사업을 끼워 넣어야 한다. 나중은 없다.

2단계는 매년 8월 말까지다. 청와대가 장기 예산전략에 비춰 가편성안을 검토하는 동시에 각 부처의 의견을 수렴해 조정한다. 여야 가릴 것 없이 지역구 예산이 누락되지 않도록 치열하게 로비한다.

3단계는 매년 11월 말까지다. 국회로 넘어온 예산을 각 상임위와 예결특위에서 심의한다. 국회의원들끼리 영업하는 게 가장 어렵다. 지역 예산에 관련된 의원들에게 수시로 문안인사를 드리고 작은 정성 표하는 데 게을러서는 안 된다.

4단계는 매년 12월 어느 시점까지이다. 국회 예결특위 내 계수조정소위에서 최종 수치를 조정한다. 졸면 죽는다는 말이 우스갯소리가 아니다. 보좌관을 회의실 밖에 24시간 대기시킨다. 유사시 회의장으로 출동해 읍소 작전은 물론 '배 째라' 식 협박도 서슴지 않는다.

예전에는 국회의원들이 장관을 상대로 설득과 압박을 통해 지역구 예산을 관철하는 톱다운 방식을 주로 사용했다. 그러나 요즘에는 어림도 없다. 바텀업 방식으로 장기간에 걸쳐 영업전을 펼친다.

정기국회가 끝나면 언론에서는 국회의원들에게 대대적인 비난을 퍼붓는다. 국가 재정은 나 몰라라 하면서 자기 지역 예산 챙기기에만 열중했던 톱10 의원 명단을 발표한다. 여론이 들끓는다. 그날 밤 톱10 안에 들어간 의원은 혼자 이불을 뒤집어쓴 채 웃는다.

국회의원은 국민의 대표인 동시에 지역구 머슴이다. 중앙에서 동네로 예산을 따오지 못하면 제대로 평가받을 수 없다. 좋든 싫든 그것이 현실이다.

독자들은 지금까지 지역구 의원이 어떤 사업에 얼마나 예산을 따왔는지 살펴보셨는지 모르겠다. 제18대 국회 임기가 채 1년도 남지 않았다. 바야흐로 최후의 예산 전쟁 서막이 오르고 있다.

(2011년 8월 18일)

친생자관계 부존재 확인의 소

지역 사무소로 예순아홉 된 할머니가 찾아오셨다. 기초생활 수급권자인데 수급비가 확 깎였다 한다. 세금을 내는 수입(어려운 동네에서는 세금을 내는 수입이 중요하다)을 올린 자식이 생겼기 때문이다. 자식 얘기를 물으니 참으로 기구한 사연을 쏟아냈다.

할머니는 스무 살에 시집가서 첫딸을 낳고 5년 만에 집에서 쫓겨나 40여 년을 홀로 살았다. 할아버지는 다른 여자를 집으로 들여 자식 둘을 더 봤다.

문제는 이 두 사람이 법적으로 이혼하지 않았다는 것이다. 할아버지가 사망하자 생전 보지도 못했던 자식 둘이 할머니 호적으로 올라왔다. 바로 이 자식 중 하나가 수입이 생긴 것이다.

백방으로 해결책을 찾으니 바로 '친생자관계 부존재확인의 소' 라는 재판을 가정법원에 청구해야 함을 알아냈다. 호적에 올라와 있는 자식 둘은 친자식이 아니니 호적을 정리하는 재판을 해야 한다. 약 3개월 정도면 승소 판결을 받을 수 있다. 그런 연후에 관계 당국에 수급자 지위 원상회복을 청구하면 문제가 해결될 것이다.

정부가 복지 체계 개편에 나섰다. 언론에는 이 할머니 같이 딱한 사연이 대서특필됐다. 생전 한번 찾아오지도 않는 자식, 저 먹고 살기도 빠듯한 자식, 손자만 달랑 남겨놓고 집 나간 자식 가진 노인 분들은 하루하루가 괴롭다.

현장에 있는 실무 담당자는 어쩔 수 없다고 한다. 이 제도를 악용하는 사람이 있기 때문이란다. 누구는 되고 누구는 안 되고 할 수가 없기 때문이란다.

이 문제를 해결하는 방법은 두 가지다. 예산을 확대하거나 예산 내역을 개편해야 한다.

전자는 결국 돈의 문제다. 경제가 좋아지든 세금을 올리든 다른 부분의 예산을 돌리든 돈이 있어야 한다. 후자는 형편이 되는 사람에게는 적게 주고 어려운 사람에게 더 많이 주는 것이다. 연령 베이스가 아니라 소득 베이스로, 보편적 복지가 아니라 선택적 복지로 전환하는 것이다.

대전에 사시는 우리 아버지는 자식 집으로 오실 때 꼭 무궁화호를 타신다. 자식들이 먹고살 만하니 이제 KTX 타시라 하면 무궁화호는 노인들에게 요금을 깎아주는데 무슨 소리냐고 손사래를 친다. 정부 예산은 한정돼 있다. 나는 예산을 심의하는 국회 예결위원이다. 당

장 내년에 선거가 있는, 그리고 무궁화호를 고집하는 아버지가 있는
국회의원은 괴롭다. (2011년 8월 24일)

윤도현과 모스크바대 여대생

1991년 연말, 소련에 갔었다. 도대체 사회주의 모국, 미국과 겨루었던 옛 소련은 어떤 모습인지 내 눈으로 보고 싶었다. 당시 소련은 공산당 군부 쿠데타에 이은 고르바초프의 실각과 옐친의 집권으로 극단적인 혼란 속에 빠져 있었다. 내가 다니던 대학에선 소련이 몰락하자 스탈린식 사회주의가 아니라 레닌식 공산주의로 다시 돌아가자는 운동이 거세게 불고 있었다.

소련에 체류했던 20일 동안 물가가 백 배 뛰었다. 1달러에 0.9 코페이카였던 환율이 100코페이카로 치솟았다. 사람이 어떻게 사느냐 하겠지만 정말로 물가가 백 배 뛰었다. 사람들이 살길은 오직 빵 배급소에 줄을 서는 것뿐이었다. 그 줄은 한도 끝도 없이 이어졌다.

모스크바의 호텔에는 투숙객보다 인터걸이 더 많았다. 백옥같이 어여쁜 여인들이 20달러에 몸을 팔기 위해 객실 안으로 들이닥쳤다.

호텔 바에서 술을 마시고 있던 나에게도 인터걸이 다가왔다. 나에겐 소련에 온 이유를 찾을 수 있는 기회였다. 20달러를 주고 술 마시면서 얘기나 하자고 했다. 놀랍게도 자신은 모스크바대 철학과 학생이라 했다.

'나라가 망하니 우리 누이와 딸들이 이 꼴이 되는구나. 그 잘난 위정자들이 머릿속에 그린 지상낙원을 실험해보다 70여 년 만에 이 지경이 되는구나. 정치가 이런 거구나.' 그때 난 정치를 해보아야겠다 마음먹었다. 정치가 아무리 욕을 먹어도 세상을 좌지우지하는 가장 큰 지렛대는 정치이지 않은가 싶었다.

우리 서울 양천구에는 전국에서 탈북자들이 가장 많이 산다. 내가 사는 아파트 길 건너에 탈북자 집단 거주촌이 있다. 그분들의 별의별 민원을 접해보았다. 북한의 사는 실정을 소상히 듣고 있다.

〈나는 가수다〉의 스타 윤도현 씨가 한 TV 프로그램에 나와 북한 평양에 가서 한 가정을 방문했던 사연을 소개하며 "한 아버지가 아이를 비행기 태우고, 애완견을 기르는 등 우리와 다를 바 없이 지극히 평범한 가정의 모습이었다. 심한 반공 교육의 영향 탓인지 오히려 평범한 그들의 모습이 더 신기했다"며 소감을 밝혔다. 윤도현 씨는 자신이 본 사실을 가감 없이 말했을 것이다.

그러나 나는 얼마 후 20년 전 모스크바대학교 여대생이 김일성대학교 여대생이 되어 평양 시내를 메우게 될까 봐 무섭다.

(2011년 8월 31일)

제7장

말 말고도
글로 먹고사는 법

국회의원은 말로 먹고삽니다.
그러나 글을 써야 할 때도 많습니다.
누구에게 맡길 일이 아닙니다.
김용태가 직접 쓴 말 아닌 글을 보시기 바랍니다.

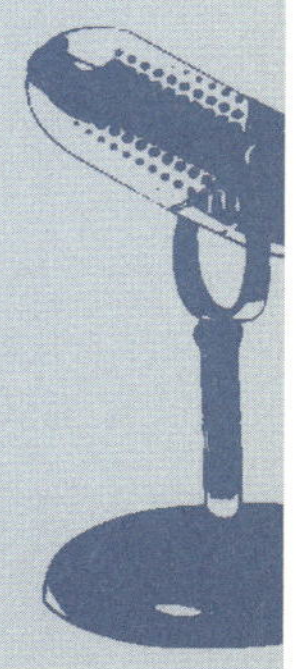

이 모든 게 제 탓입니다

2010년 6.2 지방선거 참패 후 작성한 '참회록' 원고
(2010년 6월 14일 국회 대정부 질의)

오늘로서 국민의 심판이 내려진 지 12일이 지났습니다.

하지만 전 아직도 현실 감각을 되찾지 못하고 있습니다.

꿈을 꾸는 듯 쇠망치로 맞은 듯 여전히 머리가 멍합니다.

선거 이후 지역에 침잠하면서 많은 분들의 말씀을 들었습니다.

혼나고 또 혼나고 있습니다.

김 의원, 왜 선거에 졌는지 아느냐고 다그치는 분도 계십니다.

한나라당, 이명박 정부 똑바로 하라고 호통치는 분도 계십니다.

당신들 정신 차리려면 아직 멀었다고 혀를 차는 분도 계십니다.

처음에는 믿기지 않아 힘들었습니다.

전혀 예상치 못한 이런 참패를 인정하기 어려웠기 때문입니다.

그리고 더 큰 자괴감에 빠져들었습니다.

국민 마음을 이리도 몰랐던 제 자신을 믿을 수 없었기 때문입니다.

언론에서 분석하는 다양한 선거 패배 이유를 접했습니다.

그리고 지역에서 만난 분들의 말씀을 곱씹어 보았습니다.

제 딸 친구 엄마 얘기입니다.

회사원이 남편인 40대 초반의 평범한 주부입니다.

그 누구한테도 얘기 안 했지만,

서울시장은 몰라도 다른 것은 반드시 한나라당 혼내주겠다고,

특히 교육감은 정말 새로운 사람이 되어야 한다고,

그래서 주변 사람들한테도 열심히 전화 돌렸다고 합니다.

인터넷에서 일부 젊은 사람들이 그러듯이

천안함 사건이 조작되었다고 생각하지는 않는다,

그런데 한나라당과 정부가 하는 것 보면 정말 화난다,

애들 교육 문제 때문에 힘들어 죽겠는데

수월성 교육이니 국제중학교니 학부모 신경 곤두서게 하질 않나,

애들 아빠 일자리 때문에 불안해 죽겠는데

한나라당 다수당이라고 야당 힘으로 밀어붙이고,

그래서 한나라당 혼내주었다는 것입니다.

저는 이 주부의 말씀에서,

그간 우리가 추진하였던 정책과

정책 추진 과정에서 우리의 자세 모두

국민 눈에 어떻게 비쳐왔는지를 압축적으로 봅니다.

우리 동네 슈퍼 사장님 말씀이십니다.

50대 초반에 그야말로 동네 토박이이십니다.

김 의원은 동네에서는 잘 안 보이고 텔레비전에만 얼굴 비추고,

그리고 세종시 문제로 야당 말고도

한나라당 자기들끼리도 싸우고 정말 실망했다,

장사도 안 되어 죽겠는데

우리 동네 국회의원이라는 자가 노상 싸우기만 하니

도대체 우리 서민들은 누구를 믿나,

국회의원도 대통령도

국민이 안 찍으면 그만이라는 걸 알아야 한다고 경고하십니다.

저는 이 슈퍼 사장님의 말씀에서

국민이 정치를 어떻게 보고 있는지

저와 한나라당에게 무엇을 얘기하고 싶은지 어렴풋이 깨닫습니다.

우리 동네 부동산 사장님이 들려주는 자기 아들 얘기도 있습니다.

경기도 소재 4년제 대학을 졸업하고

취직 못해 몇 년째 보습학원에서 강사로 일하고 있는 친구입니다.

낮에는 편의점에서 일하고 오후에는 학원서 애들 가르치는 것을 보면

자기 가슴이 찢어진다며 사장님 목소리가 올라갑니다.

빚 내 가면서 대학 보낸 것은 그렇다 치고

그 아이도 논 게 아니고 제 딴에는 열심히 공부했는데

변변한 취직 자리 없으니 장가는 어떻게 보낼 것이며,

다른 것보다도 애 어깨가 축 처진 모습 보는 게 너무 힘들다며
금세 눈이 벌겋게 충혈되는 것이었습니다.
부동산 사장님 아들 얘기를 통해
왜 젊은 사람들이 트위터와 인터넷을 적극 이용,
구름처럼 투표장으로 쏟아져 나오면서
한나라당과 이명박 정부에게 분노를 쏟아냈는지
조금은 알 것도 같았습니다.

대선 승리, 국회의원 당선 후 지나온 2년을 되돌아보았습니다.
자문하고 또 자문하였습니다.
무엇이 잘못되었을까, 어디서부터 잘못된 것일까? 라고 말입니다.
자책하고 또 자책할 수밖에 없었습니다.
이 모든 게 그 누구도 아니고 바로 내 탓이라고 말입니다.

많은 분들이 얘기하십니다.
소통이 문제였다고 말입니다.
백번 맞는 말일 것입니다.
저와 한나라당이 대수롭지 않게 여겼던 것들,
저와 정부가 국민 정서와 동떨어지게 무심코 내뱉었던 말들,
그리고 국민을 가르치려 들었던 태도들,
그 모든 것들이 아프게 가슴을 찌릅니다.
그러나 그것뿐이었을까요?

세종시로 야당은 물론 우리끼리도 영일(寧日) 없이 싸웠던 모습들,

4대강에 반대하는 시민단체 및 종교계와 제대로 소통하지 못했던
자세들,

어뢰 추진체가 발견되자 당장에라도 북한을 응징하려 했던 시간들,

국민은 단지 이런 것 때문에

한나라당에게 참패를 안겨준 것이었을까요?

선거 참패 원인은 짙은 안개처럼

저에게는 여전히 모호하고 몽롱하기만 합니다.

지금 대한민국은 어디에 서 있는지 생각해봅니다.

제 나이 마흔두 살, 많지 않은 나이지만

고등학교 시절 일제 소니 워크맨을 갖는 것은 꿈의 로망이었습니다.

그러나 2010년 세계 모든 언론은

삼성 갤럭시S와 애플 아이폰4의 대격돌을 대서특필하고 있습니다.

불과 20여 년 사이에 대한민국에 무슨 일이 있었던 걸까요?

1980년대 말부터 각국은 세계화라는 새로운 시대에 돌입했습니다.

경제 부문을 필두로 근대 국가의 국경이 무의미해지기 시작했습니다.

그 어떤 국가도 세계화의 간섭에서 자유로울 수 없게 되었습니다.

특히 대한민국은 경제는 물론 정치·사회·문화 모든 분야에서

세계화의 강력한 간섭을 받게 되었습니다.

세계화는 선택할 수 있는 것이 아니라

디폴트로 주어진 생존 조건이 된 것입니다.

물론 세계화는 선진국 다국적 자본에게 가장 유리한 것이었습니다.

그러나 대한민국에도 예기치 못했던 새로운 기회를 주었습니다.

우리 기업에게 넓고 낮아진 세계 시장의 문이 열린 것입니다.

가격뿐만 아니라 품질과 디자인이 경쟁력을 갖추면서

일취월장, 대한민국 기업은 세계로, 세계로 나갔습니다.

어느덧 우리 경제는 세계 무역 규모 12위로 성장했습니다.

해외에 나가본 우리 국민들은 달라진 대한민국의 위상에 놀랍니다.

세계적 금융위기 속에서도 가장 빠르게 위기를 극복,

세계 외신으로부터 뜨거운 칭찬을 받고 있습니다.

반만 년 역사상 처음으로 세계 질서 재편에 참여하는 G20 회의를 유치,

욱일승천하는 대한민국의 국운을 기뻐하고 있습니다.

그러나 우리는 잠시 잊고 있었습니다.

세상에는 빛이 있으면 어둠도 있다는

너무도 단순하고 자명한 진리를 말입니다.

세계화의 그늘은 지금도 어김없이

이 땅 대한민국에 길게 드리워져 있습니다.

저와 한나라당 그리고 정부는

이 그늘을 잘 살펴야 한다고 생각했는데,

이 그늘에서 고통받고 있는 사람들을 유의해야 한다고 생각했는데,

그것을 놓쳤던 것 같습니다.

국회 본회의장에서 대정부 질의를 하는 모습 ◣

그분들의 마음을 헤아리지 못했던 것 같습니다.

수출은 여전히 훌륭합니다.

주식시장도 괜찮습니다.

집값도 안정되어 있습니다.

고용지표도 나름대로 호전되어 갑니다.

그러나 그늘에 있는 분들께는

여전히 남의 나라 얘기처럼 들렸던 것입니다.

수출과 주식시장의 과실은 대기업의 사상 최대 실적으로 이어질 뿐

중소기업과 자영업자, 지방과 서민에게는

그저 남의 나라 얘기처럼 들렸던 것입니다.

고용지표 개선 통계는

청년층에게는 그저 공무원 책상 위에 놓은 통계표에 불과하고

직장인에게는 언제 어떻게 될지 모르는 불안감을

해소하는 데 아무런 도움이 되지 못했던 것입니다.

물론 정부가 모든 것을 할 수 있는 것은 아닙니다.

양극화의 심화는 세계화의 필연적 산물이며

우리나라만 겪는 것이 아님도 사실입니다.

그러나 세계화의 기회 속에서

대한민국이 아무리 잘나간다 한들

그것이 나와 상관이 없다고 생각하는 국민들이 많은 한

저와 한나라당과 이명박 정부는 책임을 모면할 수 없습니다.

그것이 집권 세력의 피할 수 없는 숙명입니다.

이 문제를 해결하는 것이 집권 세력의 엄중한 책무입니다.

여기서 저는 제 스스로에게 다시 묻지 않을 수 없습니다.

저와 한나라당 그리고 이명박 정부는

정녕 잘못된 길로 가고 있는가? 라는 근원적 질문 말입니다.

대한민국은 많은 국민에게 고통을 주는 세계화의 간섭에서 벗어나

우리만의 경제·사회·문화 체제를 구축할 수 있는가?

암세포처럼 옥죄어오는 저출산 고령화의 사회구조적 문제 앞에서

지속적 경제 성장을 통한 파이 키우기가 아니라

보편적 복지 전면화를 통한 파이 분배가 우선될 수 있는가?

사람을 경쟁력으로 여기까지 발전해왔고

앞으로도 사람밖에 믿을 게 없는 대한민국이

경쟁 교육을 포기하고 평등 교육으로 나가는 것이 맞는가?

전대미문의 3대 세습 체제를 당연한 듯 여기면서

준비도 안 된 화폐개혁으로 인민을 굶겨 죽이고

상상도 하지 못할 천안함 기습 사태를 버젓이 자행하면서

월드컵 해적 중계라는 최소한의 룰도 내팽개치는 북한에 대해

단지 한민족이라는 이유 때문에

대화가 우선이고 지원이 필수라는 것을 동의할 수 있는가?

저는 아무리 생각해도

자라면서 배우고 사회에 나와 익히고 자식을 기르면서 체득한

저의 가치와 신념을 부정할 수가 없습니다.

제 스스로 확신했던 가치와 신념을

밑동부터 허물 수는 없습니다.

그러나 뼈아프게 인정해야 할 것이 있습니다.

속죄하는 심정으로 고백할 게 있습니다.

과연 나는 내가 믿어왔던 가치와 신념을

국민 속에서 국민과 교감하면서

얼마나 치열하게 점검하고 발전시켜 왔는지

자신이 없습니다.

과연 나는 나의 제한된 경험과 주관적인 논리 안에서

세상의 변화와 국민의 눈높이는 아랑곳하지 않고

자기 확신과 자기만족에 빠져 있지 않았는지

자신이 없습니다.

과연 나는 내가 속한 당과 내 울타리가 되어준 정치 세력만을 위해

남의 얘기를 폄하하고 심지어 왜곡하지 않았는지

자신이 없습니다.

독선과 오만,

그것은 그 누구도 아니고

내 스스로 빠져 있던 내 자화상이 아니라고 얘기할

자신이 솔직히 없습니다.

이제 저에게는

그리고 아마도 한나라당과 이명박 정부에게는

현장으로 가는 것 말고는 답이 없을 것 같습니다.

현장으로 가서 국민과 함께 뒹굴지 않고서는

다시 국민의 마음을 얻을 수 없을 것 같습니다.

현장으로 가서 우리의 가치와 신념이,

국민에게 어떻게 투영되고 있는지 점검해야 할 것 같습니다.

현장으로 가서 우리의 가치와 신념을,

국민에게 과연 설득할 수 있을지 부딪혀야 할 것 같습니다.

현장으로 가서 우리의 가치와 신념을,

국민의 뜻과 눈높이에 맞추어 새롭게 고쳐 나가야 할 것 같습니다.

저의 작은 자책 끝에 얻은 국민의 뜻은

바로 "있는 그대로의 인정(認定)"과

"한 배 탄 마음의 위로(慰勞)"인 것 같습니다.

국민은 말씀하십니다.

통계 말고 현실을 보라 합니다.

구중궁궐 말고 동네 뒷골목에 오라 합니다.

국민이 얼마나 힘들고 불안해하는지

저와 한나라당 그리고 정부는

있는 그대로 인정하라는 것입니다.

국민은 말씀하십니다.

조만간 좋아질 것이라는 말, 위로가 되지 않는다 하십니다.

다른 나라에 비해 괜찮다는 말, 위로가 되지 않는다 하십니다.

한나라당과 정부가 열심히 하고 있다는 말,

위로가 되지 않는다 하십니다.

비오는 날 어줍지 않게 우산을 받쳐주는 것이 아니라

우산을 버리고 같이 비 맞아주는

한 배 탄 마음의 위로가 필요하다는 것입니다.

그렇습니다.

국민은 이번 지방선거 전까지 그토록 오랫동안

국민이 직접 느끼는 삶의 무게를 인정하고

국민과 삶의 현장에 같이 서는 한배 탄 마음의 위로를

저와 한나라당 그리고 이명박 정부에게 요구했던 것입니다.

국민 여러분, 정말 죄송합니다.

국민이 얼마나 힘들어하시는지 몰랐던 저를 더욱더 혼내주십시오.

국민이 무엇을 원하고 있는지 몰랐던 저를 더욱더 때려주십시오.

처음으로 돌아가 다시 시작하겠습니다.

저는 정부와 청와대에 쇄신을 요구하지 못하겠습니다.

제 스스로 쇄신을 요구할 자격이 없기 때문입니다.

그래서 정치 분야 대정부 질의를 하지 않겠습니다.

존경하는 국민 여러분,

무슨 말씀을 드리겠습니까?

더 열심히 일하겠습니다.

그러나 국민과 함께 일하겠습니다.

더 악착같이 일하겠습니다.

그러나 국민의 마음을 얻으면서 일하겠습니다.

경청해주셔서 고맙습니다.

중국, 도대체 왜 이러나?

 국회 도서관에 기고한 책 『중국, 도대체 왜 이러나』의 서평

중국. 대한민국의 미래를 설계하는 데 빠질 수 없는 핵심 변수이다. 그러나 정치경제적으로 초강대국으로 부상하고 있는 중국이 앞으로 얼마나 부상할지에 대해서는 의견이 갈린다.

'중국, 도대체 왜 이러나' 라는 제목은 이런 맥락에서 시의적절하나 다소 선정적이라 저자의 학문적 권위를 의심하는 이도 있을 수 있겠지만, 저자인 김기수 박사는 미국 미주리대학교에서 국제정치경제학 박사학위를 취득하고 세종연구소 국제정치경제연구실장을 지낸 국내 일류급 학자이다. 특히 이렇게 어렵고 복잡한 문제에 대해서 비전문가도 술술 따라갈 만큼 맥을 짚어주는 명확한 논리는 저자의 학문적 내공을 드러낸다는 점에서 일독을 권한다.

나는 저자와 달리 중국의 미래, 즉 힘의 팽창과 경제성장 가능성에 대해 신중하지만 낙관적으로 본다. 이 책에 나타난 저자의 입장에

대해 서평자가 몇 가지 문제제기를 하는 방식으로 서평을 전개하고
자 한다.

저자는 중국의 지속적인 경제성장은 취약한 정치제도로 인해 불
가능하다고 주장한다. 이제까지 서구의 경제발전은 과학기술 발전
을 기반으로 하는데, 이러한 과학기술 발전은 자유로운 사회와 경제
를 전제로 한다. 따라서 권위주의 국가인 중국의 국가주도형 고속성
장은 한계에 달했고, 5~10년 이내에 심각한 위기에 처할 것이라고
주장한다.

그러나 중국 성장의 원동력을 다른 측면에서도 주목할 필요가 있
다. 탁월한 정치적 리더십이 없이, 후진국인 거대 사회주의 국가가
오늘날과 같이 성장할 수 있었을까? 문화혁명이라는 쇼크를 딛고
개혁 개방을 추진함으로써 13억 인구를 어느 정도 먹여살리는 데 성
공한 '대륙의 기적'에 대해 높이 평가할 필요가 있다.

특히 10년 주기의 정권교체 관행과 더불어, 선거기제는 아니지만
당내 치열한 경쟁과 오랜 검증 과정을 거쳐 정치 엘리트를 양성하는
정치 시스템도 중국 대륙이 분열하지 않고 고속 성장하는 데 크게
기여했다.

또한 과학기술 발전 속도가 빨라지는 정보화 시대에 핵심 인력의
역할이 커지고 있는데, 중국은 갈수록 세계 최고 수준의 과학기술
인력을 더 많이 확보할 가능성이 높다. 13억 인구의 1%만 하더라도
1천만 명이 넘기 때문에 엘리트에 바탕한 기술발전 역량은 우리나
라의 산업경쟁력을 위협할 수준으로 성장할 가능성이 높다. 오늘날

중국의 산업경쟁력이 급신장해서 세계시장 점유율 1위인 중국 제품이 1,210개(2008년 기준)로 우리나라(52개)보다 20배 이상 많다는 점에서 확인할 수 있다.

아울러 한반도의 조그만 섬으로 고립된 한국과 달리, 중국은 동북3성이나 서부내륙과 같은 프런티어가 남아 있다. 프런티어까지 대규모 투자가 확산될 경우 '세계의 공장'에서 '세계의 시장'으로 변모하여 국제적 영향력이 더욱 커질 가능성에 대비할 필요가 있다.

저자는 중국은 글로벌 경제패권은 물론, 군사력에서도 미국을 따라잡지 못할 것이라는 점을 정치경제학적 분석과 역사적 통찰력을 통해 설득력 있게 주장하고 있다.

나는 저자의 탁월한 논리와 주장에 공감한다. 문제는 동아시아라는 지역적 관점에서 보면 그림이 달라질 수 있다는 점이다. 이미 중국은 서해는 물론, 동해와 동중국해 그리고 말라카 해협을 포함한 남중국해까지 자신의 영향권으로 설정하고자 전략적 포석(제1열도선)을 깔고 있으며, 인도양에서는 석유수송로 확보 차원에서 파키스탄과 미얀마와의 협력을 통해 인도를 포위하는 '진주의 목걸이' 전략을 차근차근 실행하고 있다. 아직까지는 중국이 미국의 동아시아 패권에 도전하지 못할 수준이나, 동아시아에서 중국의 영향력 확대로 양국간 국력 격차는 갈수록 줄어들 가능성이 높다.

미래의 본질이 '아직 알 수 없다'는 데 있다고 할 때, 중국의 미래에 대해 비관적으로 보는 저자의 통찰과 지혜에 많은 부분 공감하면서도 '대륙의 기적'을 가져왔던 중국 지도부와 인민들이 시대적 난제를 극복하고 과거의 영광을 되찾을 가능성과, 그것이 한반도에 미치는 영향에 대해 냉정하게 살펴볼 필요가 있다.

이를 위해서는 병자호란 이후 '북벌론'의 한계를 극복하고 자강의 길을 모색하면서 '북학론'을 전개한 선진들의 지혜에 귀를 기울일 필요가 있다.

청문회,
이러니 국민한테 욕 얻어먹지

 국회보 2011년 3월호 기고문

 청문회(聽聞會)가 아닌 척문회(拓聞會).

국회의원이 되고서 결코 하지 말자 속으로 다짐했던 게 몇 개 있다. 그중 하나가 상임위나 청문회에서 출석한 공직자, 증인, 참고인에 대해 "묻는 말에만 대답하라" "예, 아니오만 하라"고 다그치는 것이었다.

아마 국민들께서도 국회의원이 뭔데 그럴 수 있냐고 생각하는 분도 많으실 것이다. 국민들께서 싫어하시는 것을 뻔히 알면서도 나는 번번이 이것을 자행해왔다.

| 운에 따른 낙마와 회생

이명박 정부 들어 고위공직자에 내정된 분들 중 대다수는 무사히 취임하였고 더러는 낙마의 불운을 겪었다. 논란에 휩싸였으나 극적

254

으로 회생한 분들도 있었고, 그 정도면 견딜 수 있지 않을까 했던 분들이 순식간에 낙마하기도 했다.

돌이켜볼 때, 회생과 낙마 사이에 어떤 기준이 있었는지 명확하지 않았다. 그런 의미에서 지난 김태호 국무총리 내정자 청문회 과정에서 야당인 민주당이 제시한 소위 '낙마 기준=4+1'은 우리 모두 곱씹어보아야 할 것 같다.

민주당이 제시한 '낙마 기준 4'는 병역회피, 세금탈루, 부동산투기, 위장전입이고 낙마 기준 플러스 1은 논문 표절이다. 이 낙마 기준을 대놓고 반대할 사람은 거의 없을 것이다.

그러나 이 낙마 기준이 공정하게 적용되었는지에 대해선 별 말이 없다. 운에 따라 낙마와 회생이 갈리는 인사 검증이 지금 국회에서 번번이 벌어지고 있다.

| 정국 주도권의 싸움장이 되어버린 인사청문회

20대 초반의 혈기 방자한 연예인들이 범법 행위를 포함해 일부 부적절한 행위를 했을 때, 언론과 일부 국민들은 그 연예인에게 '공인'이라는 꼬리표를 붙여 혹독하게 비판한다. 때로는 그 정도가 심하여 사실 안쓰럽게 보일 때도 있다. 연예인에게도 이러할진대 우리나라의 인사청문회는 국회의원은 물론 그 소속 정당, 언론, 일반 대중이 참여하여 그 강도가 점점 강해지고 있다.

1993년 김영삼 대통령은 취임하자마자 전 재산을 전격 공개, 이른바 '재산 공개 파동'을 촉발시켰고 여기로부터 인사청문회 제도가 태동되었다. 당시 언론들은 사활을 걸고 특종 경쟁을 하였다. 여기에 그간 음성적으로 이루어졌던 공직 사회의 인사 암투 양상이 경쟁자의 비위 사실과 루머를 무차별적으로 언론에 흘리는 사생결단으로 전화되면서 사태는 걷잡을 수없이 커졌다.

이후 정식으로 인사청문회 제도가 도입되었고, 각 정당은 소위 저격수와 마크맨이라는 공수의 전문가들을 배치하였다. 인사청문회가 정국 주도권 각축장으로 변질되었다. 개별 국회의원들은 자신의 정치적 인지도를 제고하는 수단으로 인사청문회를 활용했다.

물론 인사청문회가 공직 사회에 새로운 변화의 바람을 일으킨 것은 의심의 여지가 없다. 문제는 인사청문회의 순기능에도 불구하고 정말 국익에는 얼마나 도움이 되는지에 대해선 의문이 든다.

| 7분 질의로는 무엇도 캐낼 수 없다

간혹 언론에서 검찰에 불려갔던 피의자들이 15시간 안팎의 강도 높은 조사를 받고 밤늦은 시간에 귀가했다는 보도를 접할 수 있다. 반면 인사청문회 청문위원에게 주어지는 시간은 1차례 기준 답변 시간 포함 7분이다. 제대로 된 질의조차 하기 어려운 게 현실이다.

일이 이 지경이 된 데에는 너무도 많은 청문위원들이 참여하기 때문이다. 대개 18명 내외의 청문위원들이 참여한다. 게다가 중요한 인사청문회는 방송에서 생중계를 하는데 물리적으로 2~4시간 이상 방영할 수가 없다. 18여 명의 청문위원들에게 방송 시간을 할애하면 딱 7분이 적정선이다. 이 시간 안에서 청문위원들은 준비한 핵심 킬

러 콘텐츠를 선보여야 한다. 그러니 묻는 말에만 대답하라, 예 아니
오만 하라고 고함을 지를 수밖에 없다.

대안은 의외로 간단하다. 청문위원 수를 3분의 1로 줄이는 것이
다. 그러면 청문위원이 된 국회의원은 그야말로 소속 당의 대표선수
로서 자신의 명예를 걸고 후보자와 각종 사안에 대해 검증하고 토론
할 수 있을 것이다.

미국에선 국회서 위증할 때 엄벌에 처한다는데

인간의 기억에는 한계가 있을 수밖에 없다. 전 국민이 보고 있는
청문회장에서 오래된 기억이나 통계를 잘못 말할 수 있다. 그러나
간혹 의도적이고 악의적인 거짓 증언을 할 경우도 있다.

후보자를 인격적으로 모독하는 것은 그 어떤 경우에도 옳지 못하
다. 그러나 위증으로 의심되는 증언을 반복할 경우, 국회가 할 수 있
는 것은 여야 협의를 통한 검찰 고발뿐이다. 만일 후보자가 사퇴하
면 그것도 흐지부지 끝나고 만다.

국회에 와서 위증한다는 것이 얼마나 위험천만한 모험인지에 대
한 엄격한 법률 개정이 필요하다. 나아가 위증 혐의를 잡아낼 수 있
는 최소한의 사실 확인 시스템을 한시적으로 청문위원에게 부여하
는 방안도 적극적으로 검토할 필요가 있다.

누군 살고 누군 죽을 것인가?

'낙마 기준=4+1'를 부정할 국회의원은 아무도 없을 것이다. 그러

나 몇 가지 차원에서 낙마 기준이 과연 금과옥조가 될 수 있는지는 냉정하게 따져볼 필요가 있다.

첫째, 법률적으로는 하자가 없는데 국민 정서상 문제가 되는 경우이다. 주로 병역 회피가 문제가 된다. 병역 회피는 중대한 범법 행위이다. 그러나 법이 허용하는 한에서 면제를 받았을 경우 과연 국민 정서만을 들어 낙마를 시키는 것이 맞는가? 이는 오히려 국회와 정부가 입법적 하자를 만들어낸 책임을 져야 하는 것이 아닌가 하는 의문이 남는다.

둘째, 법률적으로는 일부 하자가 있지만 처벌할 수 없는 경우다. 특히 사후라도 이를 복원하였거나 복원하려 하였지만 불가능한 경우도 있다. 주로 세금 탈루가 문제가 된다. 이 문제는 고위 공직자뿐만 아니라 우리나라 국민 대다수의 문제이기도 하다. 다름 아니고 소위 다운계약서라고 불리는 이중계약을 통한 탈세다. 지금이야 공시지가와 현 시가의 격차가 상당 부분 좁혀졌지만 예전에는 그 차이가 커서 거의 관행적으로 다운계약서가 통용되었다. 그리고 이와 같은 행태를 법무사나 공인중개사가 적극적으로 알선하였다. 이 경우 고위 공직자 후보가 된 연후에 이를 해소하였을 경우는 어찌해야 하는가? 혹은 해소하려 하였으나 법적으로 탈루 부분을 복원하지 못할 경우는 어찌해야 하는가?

셋째, 위법 행위가 분명하지만 소위 자식을 위해서 자행되는 범법 행위의 경우다. 주로 자녀 학군을 위한 위장전입이 문제가 된다. 이는 사후에 복원할 방법도 없다. 우리 국민의 자식 교육에 대한 열정은 세계 제일이다. 상당수 일반 국민들도 이 문제에서 자유롭지 못한 상황임을 감안할 때 이 문제는 더욱 복잡해진다.

넷째, 도덕적으로야 옳지 않지만 특정 분야에서 오랫동안 관행처럼 내려왔던 행위에 대한 문제도 있다. 주로 논문 표절이 해당이 된다. 물론 남의 논문을 대놓고 표절하는 경우는 안 되겠지만, 자기 논문을 이중 게재하는 형식으로 논문을 표절하는 경우 한 개인만을 매도하는 것이 맞는지 아니면 우리나라 학계의 관행을 문제 삼아야 하는 것인지 분명한 기준이 없는 듯하다.

| 최소한의 컨센서스 도출이 시급하다.

다시 한 번 확인하자면 나는 '낙마 기준=4+1'에 대해 대놓고 반대할 생각이 없다. 그러나 같은 사안으로 누구는 죽고 누구는 사는 인민재판식의 인사청문회는 곤란하다고 분명히 말하고 싶다. 나도 답은 없다.

해마다 국민의 눈높이가 달라지고 있고, 이에 따라 '낙마 기준=4+1'은 점점 더 원칙적으로 관철되어 나갈 것이다. 그러나 입법적 하자를 보완하지 않고 일방적으로 누구를 잡아야 정국 주도권을 확보할 수 있다는 식의 정치싸움이 인사청문회를 좌우해서는 곤란하다. 나아가 정치적으로 누구를 희생시키면 누구는 봐줄 수 있다는 식의 정치적 협상이 인사청문회의 결론이 되어서는 더더욱 곤란하다.

다음 인사청문회가 열릴 때는, 후보자의 흠결을 먼저 잡아내는 경쟁보다는 해당 공직에 어떠한 기준을 정립할지에 대한 컨센서스에

대해 고민이 이루어지고, 그 연후에 인사청문회가 진행되어야 할 것
으로 생각한다.

자장면 다섯 그릇 먹기 시합

2010년 대전고등학교 교지 「한모」 기고문

고2 겨울방학은 고3 1년을 좌우하는 가장 중요한 시기다. 대부분 악착같이 공부한다. 물론 나도 나름대로 공부한다고 했던 것 같다. 그러나 공부 기억보다는 전투 축구하고 자장면 먹기 시합했던 기억이 더 강렬하다.

지금은 어떨지 모르지만, 우리 때는 고2 겨울방학 때 반 강제로 학교에서 자습을 했다(표면상 자발적이라고는 했지만 담임선생님이 일일이 상담했으니 안 나올 재간이 있나?). 아침 8시부터 오후 6시까지다. 그러나 확실히 평상시 자습보다는 감독 강도가 떨어질 수밖에 없다. 선생님이 아침에 나와 출석 상황을 체크하고, 반장에게 자습 도망가는 사람 다 잡아놓으라고 으름장을 놓으신 후

고딩 김용태

261

교무실에 가 계신다.

　나는 그때 반장이었다. 오전에는 반장의 책무를 성실히 수행했다. 그러나 점심 먹고 축구를 시작하면 얘기가 달라진다. 한 게임만 더, 한 게임만 더 하다가 날이 어두워진다. 정말 하루에만 4게임, 5게임 뛰었던 것 같다. 그것도 매일매일 말이다. 그런데 게임에 내기가 없으면 이렇게 필사적으로 할까? 자장면 내기를 하는 것이다.

　지금은 갤러리아 동백점으로 바뀐 예전의 동양백화점 지하 분식센터가 있었다. 여기에 자장면집이 있었는데, 주인아주머니가 "학생들, 돌을 먹어도 소화시킬 나이니 한 그릇 값만 내면 몇 그릇을 먹어도 좋다."고 하셨다. 바로 여기 가서 자장면을 먹기 위해, 그 자장면 값을 따내기 위해 필사적으로 축구 게임을 했던 것이다.

　최호연, 전희진, 김상광, 이재석, 박석창, 조오행 등 이름만 불러도 너무 정겨운 친구들과 악을 써가며 축구했다. 그리고 동양백화점으로 자장면을 먹으러 갔다. 오후 내내 공 찼으니 좀 배고프랴, 두 그릇은 누구나 다 먹었다. 이재석이라는 우리 반서 키가 제일 컸던 친구가 있다. 이 친구는 세 그릇씩 먹었다. 친구 중에 누가 내기를 걸었다. "다섯 그릇 먹으면 넌 앞으로 자장면 값 내지 마라." 하이고, 이 미련한 청춘아, 재석이는 그날 자장면을 정말 다섯 그릇을 먹어치웠다.

　물론 자습 빼먹었다고 담임 선생님한테 단체로 기합 받고 '빳따'도 맞았다. 그런데 그 매가 아프지 않았다. 나는 꼭 몇 대씩 더 맞았다. 왜, 자습 감독할 반장이 앞장서서 축구했으니까. 아마도 그때 축구했던 체력으로 고3 1년 세월을 견뎠던 것 같다. 그때 같이 축구했던 친구들하고 지금도 가장 친하다. 같이 술 한잔 마시면 꼭 그 축구와 자장면 얘기를 한다. 그때 누가 골 넣었다고, 그때 그 친구가 자장면을 가장 많이 먹었다고…….

바로 그날로 돌아가고 싶다. 그 추운 날 하루에 대여섯 시간 동안 축구했던 그날로, 자장면을 두세 그릇씩 먹어도 배고팠던 그날로 돌아가고 싶다.

고3 되어서 처음으로 학교 선생님이 내주시던 문제가 아닌 외부 기관에서 전국 단위로 보던 모의고사를 치렀다. 아이고, 원래 성적의 절반도 안 나왔다. 고2 때까지는 시험보기 며칠 전부터 밤새워 교과서 보고 수업 필기한 것 달달 외우면 어느 정도 성적이 나왔는데, 웬걸 외부기관 시험은 그게 아니었다. 그 당시 우리는 과외고 학원이고 다니는 친구가 거의 없었다. 그저 정규 수업과 보충 수업, 그리고 자신이 선택한 참고서(성문종합영어, 수학의정석, 한샘국어 등)이 전부였다.

갑자기 몸이 아팠다. 그때까지 한 번도 아파보지 않았던 터라 내 스스로 황당했다. 어떻게 할지 감이 오지 않았다. 전교 1등 하던 친구가 우리 반에 있었는데, 이 친구(신동헌은 지금 판사로 봉직하고 있다)를 찾았다. "동헌아, 나를 좀 가르쳐 다오. 죽을 지경이다."

동헌이가 내게 말했다.

"용태야, 그럼 날 믿고 시키는 대로 해라."

동헌이의 공부 비법은 예습과 복습이었다. 너무도 지당한 얘기지만 수천 년이 흘러도 공부 잘하는 비법은 예습과 복습이다. 수업시간을 잘 활용하기 위해서는 반드시 예습이 필요하다. 물론 예습할 때는 잘 모르는 게 많다. 이것을 수업시간에 집중해서 알아낸다. 그리고 그 수업이 끝난 쉬는 시간 10분 동안 달달 외운다.

동헌이가 알려주었던 공부 비법의 하이라이트는 실력수학정석을 푸는 것이었다. 매 챕터 끝에 나오는 종합문제는 정말 어려웠다. 이것을 처음부터 그냥 풀 수 있는 친구는 거의 없었다. 당연히 풀이과정과 답을 보면서 푸는 방식을 익히고 그 유형을 외우는 식이다. 그런데 동헌이는 절대로 풀이과정과 답을 보지 말라고 했다. 어떤 날은 두세 문제 가지고 씨름하다 하루를 보내기도 했다. 당연히 한시가 급한 고3에게는 이게 무슨 비효율적인 방식인가 의문도 들었다. 그때마다 동헌이가 안심시켰다.

"어차피 진짜 시험에서는 한 번도 안 풀어본 문제가 나온다. 네 머릿속에 수학 문제를 풀어내는 뇌 회로를 네 스스로 훈련시켜야 한다. 수백 개의 연습 문제를 답 보고 외운들 무슨 소용이냐?"

8월까지 성적이 오르지 않았다. 초조했다. 이러다 끝내 실패하는 것이 아닌가? 그 더운 여름은 나에게는 평생 잊지 못할 지옥이었다. 그리고 서늘한 가을바람이 불기 시작한 9월, 내 성적은 그야말로 폭발적으로 뛰기 시작했다. 서서히 오르는 게 아니고 몇 십 점씩 올라갔다. 선생님들도 깜짝 놀랐다. 이런 나를 보고 동헌이가 말했다.

"거봐라, 공부는 바로 너 자신이 하는 거야. 네 머리와 네 체력과 네 의지로 말이다. 누가 시켜줄 수 없다."

신동헌 판사와 나는 여전히 막역한 친구로 지낸다. 지금 내 신분이 국회의원이지만, 여전히 신동헌은 내게 선생님이자 영웅이다.

고3 후배들에게 권한다. 공부는 누가 대신 해줄 수 없다. 자신의 체력과 자신의 머리와 자신의 의지로 하는 것이다. 해낼 수 있다는 자신감이 가장 중요하다. 너 자신을 믿어라.

고1, 2 후배들에게 권한다. 교과서와 참고서 이외 책을 많이 읽어야 한다. 특히 문학책을 많이 읽어라. 공부는 문리(文理)가 터져야 제대로 할 수 있다. 문리를 트는 것은 바로 자기 자신이 얼마나 책을 많이 읽었느냐에 달려 있다. 그리고 악착같이 운동해라. 체력이 뒷받침되어야 자신감이 생기고 그래야 공부도 잘할 수 있다.

대고 시절을 기억하는 것은 나에게는 언제라도 돌아가고픈 삶의 원동력이자 즐거움이다. 대고여, 영원하라! 대고 화이팅!

제8장

"민원의 날이
사람 잡습니다"

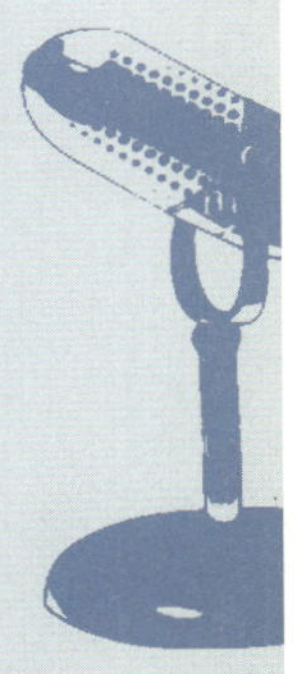

양천구민 민원의 날을 이끌어가는 구의원들입니다.
이분들이 김용태 국회의원에게 보내는
민원은 무엇일까요?

공수부대 훈련보다 더 힘든 민원의 날

신월 1·3·5동 구의원 강웅원의 민원

저는 공수부대 하사관 출신입니다. 그리고 우리 양천을 지역에서도 가장 형편이 어렵다는 지역의 구의원입니다. 1차 민원의 날을 하면서 '이거 우리 신월동에 딱이다' 라는 생각이 들었습니다.

평소에도 동네 돌아다니면서 민원을 받기는 하지만, 이렇게 체계적으로 여러 사람이 힘을 모으면 민원 해결 가능성이 훨씬 높아지겠다는 생각이 들었습니다.

민원의 날을 마치고 민원서류 뭉치를 집으로 가지고 옵니다. 밤새 어떻게 이 일을 풀까 작전을 짭니다. 공수부대 시절, 다음 날 작전 나가면 뭘 하지 하던 때와 별반 다르지 않습니다.

민원 해결에는 다른 방법이 없습니다. 무조건 현장에 나가는 것입니다. 눈으로 보고 몸으로 겪어야 민원의 질감이 느껴집니다. 민원 해결의 가닥이 잡힙니다. 아침 8시부터 현장에 나가 민원인을 만나면 좋아하십니다. 뭔가 조금은 다른 것 같다고 말입니다. 역시 현장에 나가야 합니다.

저 혼자 힘으로 해결 못하는 민원은 국회 사무실과 지역 사무소와 상의합니다. 구의원 입장에선 국회의원이 주관하는 관계기관대책회의라는 게 만병통치약입니다.

구의원 일머리를 배우는 데 너무 큰 도움을 받은 민원의 날이 계속되려면, 관계기관대책회의의 형식과 내용이 더 충실해져야 할 것 같습니다. 이 점 민원으로 정식 접수해주시기 바랍니다.

내가 구의원인지, 법조 공무원인지 헷갈려

 신월6·신정3동 구의원 고덕철의 민원

제 나이 오십 둘이 될 때까지 법조계 공직자로, 법무사로 일하면서 토요일은 유일한 여가 시간이었습니다. 물론 구의원이 되면서부터 토요일이 무작정 쉴 수 있는 날이 아니라는 것을 깨닫게 되었지만, 1년 내내 정기적으로 토요일에 하루 종일 일하게 될 줄은 몰랐습니다.

저는 검찰수사관 출신입니다. 그리고 현직 법무사이자 부동산학 박사입니다. 세상 물정을 그 누구보다도 잘 안다고 자부하는 사람입니다. 그런데 이 민원의 날을 하다 보면 정말 황당하기 짝이 없는 일을 당할 때가 한두 번이 아닙니다.

처음 김용태 의원이 민원의 날을 한다고 했을 때 불만이 없었던 것은 아닙니다. 그리고 이 일이 제대로 되기나 할까라는 걱정도 많았습니다. 그러나, 제 불만과 우려는 씻은 듯이 사라졌습니다. 게다가 구의원에 출마하면서 공약으로 내걸었던 '토요일 법률무료 상담의 날' 약속을 자동적으로 실천하게 되었습니다. 그야말로 메니페스토가 따로 없습니다.

민원의 날에 우리 동네 민원뿐만 아니라 다른 구의원 지역의 법률 상담도 대개 제가 맡게 됩니다. 검찰수사관, 법무사 경력을 고스란히 발휘하지요.

법조계 공직자에서 정치인으로 변신하게 된 제가 메니페스토 운동을 실천할 수 있도록 김 의원이 변함없이 민원의 날을 계속해 줄 것을 민원드리는 바입니다.

두드리라, 열릴 것이다

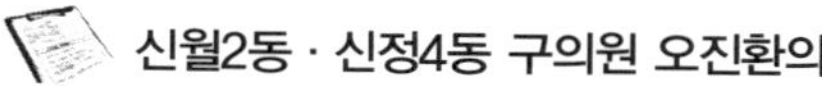

처음에는 진짜 걱정이었습니다. 도대체 뭘 믿고 이 무모한 행사를 시작하는지 이해할 수 없었습니다. 우리 지역 여건상 도저히 해결할 수 없는 민원들이 넘쳐날텐데, 해결하지 못하면 그럼 그렇지하고 불평불만이 말도 못할텐데 잠을 제대로 이룰 수 없었습니다.

그러나 이런 걱정은 민원의 날 횟수를 거듭할수록 재미와 자신감으로 바뀌었습니다.

처음 민원을 접수 받으면 지역구 구의원이 1차 상담을 하여 내용을 파악합니다. 다음 김 의원이 직접 상담하여 해결 방향을 제시합니다. 며칠 후 국회의원과 구의원, 국회사무실과 지역사무소가 해야 할 역할을 분담합니다. 그리고는 현장으로 뜁니다.

간혹 민원인에게 좋지 않은 결과를 알려 드려야 할 때가 있습니다.

욕을 얻어먹기도 합니다. 말도 되지 않는 민원이었건만 이럴 경우
제 자신도 상처를 받습니다. 그러나, 누구에게 털어놓고 얘기할 수
없었는데 민원의 날 상담을 해서 후련하다는 분, 그저 될대로 되라
는 심정이었다가 그래도 희망의 끈은 붙잡은 것 같다며 고마워하시
는 분들을 보면, 이 일을 내 부모 형제의 일처럼 꼼꼼히 챙겨야 할 것
임을 다짐하게 됩니다.

저는 교회 안수집사입니다. 그리고 IMF 때 사업이 망해 인생의 나
락 저 끝까지 떨어져도 봤습니다. 김 의원께 민원의 날 절대 포기하
지 말라는 민원을 넣고 싶습니다. 주님께도 기도 올립니다.

신월4·7동 구의원 김영주의 민원

저는 모질게도 힘든 선거운동을 거쳐 우리 지역 최다선 구의원을 물리치고 천신만고 끝에 구의원에 당선되었습니다. 워낙 힘든 선거운동을 치렀던 터라 몸과 마음이 지쳐 있었습니다.

그런데, 김 의원은 쉴 틈도 주지 않고 민원의 날 행사를 시작한다고 구의원들에게 통보했습니다. 부지런한 것은 알지만 방아 돌리는 것도 손 넣을 틈이 있어야 하고, 어디 민원이 한두 개라고 그걸 대놓고 하느냐며 세상 물정 몰라도 너무 모른다고 김 의원을 대놓고 타박했습니다.

그러나, 이제 민원의 날은 제 정치의 가장 중요한 일상이 되어 버렸습니다. 처음 구의원이 되었을 때 사실 구의원 어떻게 하나 걱정이 없었던 것이 아니었는데, 민원의 날을 통해 접수된 민원을 해결하다 보면 그게 바로 구의원 의정 활동이 되었습니다.

뭐 구의원 의정 활동이, 우리 주민들 민원 해결하는 것이 아니고 무엇이겠습니까?

참 별의별 민원을 다 받고, 그걸 해결한답시고 국회의원, 구의원, 국회사무실, 지역사무소 십 몇 명의 사람이 뛰어다닙니다. 김 의원은 간혹 자기 국회의원 떨어지면 구의원과 직원들하고 '홍신소' 차리자고 농담을 합니다. 그러면 안 되지만 하면 잘 될 것 같습니다.

그나저나 김 의원께 제발 적당히 할 때는 적당히 하자고 민원을 넣고 싶습니다. 그래야 길게 간다니까요.

제9장

의원님, 제발 우리 민원도 좀 들어주세요

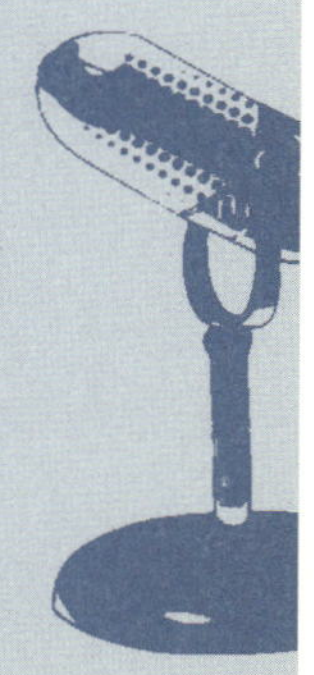

김용태 국회의원의 국회 사무실과 지역 사무소에서
근무하는 사람들의 이야기입니다.
김 의원에게 무슨 말을 하고 싶나요?

"아니, 이 사람이 병 주고 약 주나?"

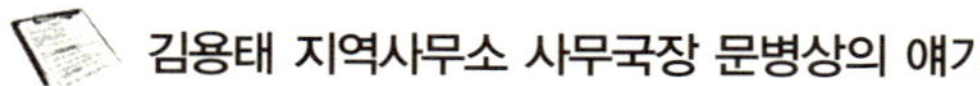 김용태 지역사무소 사무국장 문병상의 얘기

지방선거가 끝난 지 며칠이 지나지 않은 어느 점심 무렵. 나는 지방선거 구의원 3선 도전에 실패하고 낙심해 두문불출하고 있었다. 김 의원이 밥이나 먹자며 전화를 걸어왔다. 솔직히 난 김 의원에게 완전 열 받아 있던 상태였다.

구의원 재선 시절, 난 누구보다도 김 의원을 위해 최선을 다했다고 자부했다. 또한 평소 김 의원도 내가 구의원 중에서 구정 예산을 살피는 데는 일가견이 있다며 많은 것을 상의해왔던 터였다. 그런데 공천 시기가 되자 국회의원 자신은 공천에 개입하지 않는다면서 전면적인 경선을 선언해버렸다. 나는 신인 후보와 경선에서 맞붙었지만 1위를 내주고 말았다. 2번 후보로 선거에 출마했지만 보기 좋게 낙선했다. 그냥 나를 공천해주었으면 좋았으련만, 이게 무슨 꼴인가 하면서 김 의원에게 서운한 감정을 가지고 있었던 것이다.

279

시덥잖은 위로나 건네겠지 생각하면서 약속된 식당 안으로 들어 갔다. 김 의원은 이미 낮술로 얼굴이 벌건 상태였다. 이미 소주 한 병을 비우고 있었다. 사실 나는 술을 잘 못한다. 김 의원은 다짜고짜 술잔을 건넸다. 연거푸 몇 잔을 받아먹으니 정신이 알딸딸했다.

무슨 얘기를 할 듯 말 듯 김 의원은 뜸을 들였다. '누가 충청도 사 람 아니랄까 봐, 이 보슈 나도 충청도 사람이야 후딱 얘기해. 나도 바 쁜 사람이야.' 짜증이 나면서 김 의원에게 술잔을 건넸다.

"문 의원님, 사무국장 좀 맡아주셔야겠습니다."

"예, 사무국장요? 그럼 지금 있는 사무국장은요? 그리고 전 낙선 한 사람인데 무슨 사무국장이에요? 안 합니다."

"알다시피 문 의원은 떨어졌지만, 전 폭삭 망했습니다. 구청장, 시 의원, 교육위원 다 빼앗겼습니다. 다시 바닥부터 시작하려 합니다. 지금 있는 사무국장도 새로 시작하라며 자신은 물러나겠다고 합니 다. 문 의원은 경험도 많으시고, 특히 구정 예산에 밝으시니 저를 도 와 새롭게 시작해봅시다."

'아니, 이 사람 병 주고 약 주나' 하는 생각이 들면서도 오죽 답답 했으면 나에게 이런 제안을 할까 미안한 마음도 들었다.

2010년 7월 1일, 첫 출근을 했다. 구의원 시절과는 일하는 내용이 달라 처음에는 갈피를 잡을 수 없었다. 그러다 김 의원이 민원의 날 을 하겠다고 선언하고 이를 실행할 계획을 세우면서 본격적인 사무 국장 생활이 시작되었다.

직원들 모두 김 의원의 무리한 계획에 엄두가 나질 않는 모양이었

직원들과 함께했던 워크숍 ◥

다. 그러나 어쩌랴. 사무국장 팔자가 의원이 시키면 시키는 대로 해야지. 직원들 독려해가며 한 회 한 회 민원의 날을 밀고 나갔다. 언제까지 할 수 있으려나 하던 것이 이제 28회, 연인원 2천여 명의 민원인이 다녀갔다.

정말 뭐가 뭔지 모를 정도로 정신이 없는 세월이었다. 구의원 8년 하면서도 이렇게 일을 해보질 못했다. 쉴 틈이 없었다. 정신도 없었다.

김 의원은 민원의 날에 접수된 민원을 분류하고 역할을 분담하는 회의를 하면서 입버릇처럼 얘기한다.

"자기들이 '빽'이 세면 얼마나 세겠어요? 우리 동네 주민들 억울한 일 당하면 국회의원이 '빽'이 되어주십시다."

옆에서 보면 김 의원은 참 무모하리만치 일에 빠져서 산다. 얼마

전 어깨 수술도 받았다. 그 몸으로 동네 수해났다고 이리 뛰고 저리 뛰다가 수술한 부위 뼈에 금이 갔다. 아파 죽는다고 하면서도 또 나가서 일한다.

아무리 젊은 몸이라지만 말리고 싶다. 그런데 말릴 수가 없다. 우리 동네 사람 '빽'이 되어주겠다는 사람을 어찌 말리겠는가. 그래도 부탁하고 싶다.

"지가요, 직원들 다 통솔하는 사무국장인데요. 직원들, 정말 죽을 지경입니다. 충청도 말로 좀 서가며 하서. 내가 못 살 것이요."

국회의원 김용태 사무국장으로 일하기로 결정한 건, 참 잘한 결정이었다.

나는야, 동네 경식이

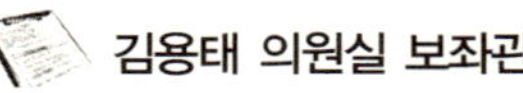 김용태 의원실 보좌관 박경식의 얘기

 제 직함은 '동네 경식이' 입니다. 언필칭 국회 4급 보좌관이지만 꼼짝없이 그저 '동네 경식이' 입니다.

2010년 지방선거 패배 후, 김 의원님만큼이나 저도 큰 낙심에 빠졌습니다. 무엇이 잘못된 것일까? 열심히 한다고 했는데 이리 결과가 나오나.

민원의 날이 계속되면서 무엇이 잘못되었는지를 어렴풋이 알 것 같습니다. 참으로 우리 지역에는 어려운 사람이 많구나 하는 것을 깨닫습니다. 정말 마지막 찾아가는 심정으로 우리 사무실 문을 두드리는 사람들의 절박감이 '동네 경식이' 마음속으로 깊이 들어옵니다.

할머니 한 분이 찾아오셨습니다. 수줍게 웃는 모습이 너무나 순박해 보이셨는데, 말씀을 들어보니 그간 평생을 모아 오셨던 재산을 날리셨다고 합니다. 그것도 친동생에게 사기를 당해 전 재산을 몽땅

잃어버리셨습니다. 법으로도 손쓸 수가 없는 다 끝난 일이었습니다.

사연인즉, 친동생과 자신의 집을 맞바꾸기로 했답니다. 한참을 동생 집을 자기 집으로 알고 살았는데, 동생은 집 명의를 언니 이름 앞으로 해놓지 않았습니다. 얼마 전 난데없는 사람이 나타나 이 집은 내 집이니 나가라고 청천벽력 같은 통보를 했답니다. 재판을 걸었지만 다 패소했습니다.

의원님은 할머니를 붙들고 "이런 나쁜 인간이 있나? 법으로는 그 자를 처벌하지 못해도 그 인간 천벌 받아 죽을 거야." 하며 펄펄 뛰셨습니다. 그 순간 시골에 계신 부모님 생각이 나더군요.

'동네 경식이'가 할머니에게 해드릴 수 있는 것이라고는 3시간이고 4시간이고 할머니 가슴에 응어리진 말씀을 들어드리는 것뿐이었습니다. 그때 얼마나 가슴이 아팠는지 모릅니다. 생활에 필요한 법 정도는 지식이 아니라 상식인지도 모르겠지만, 법 없이도 순수하게 살아가시는 분들에게 온갖 법률적 설명은 그저 공허할 뿐이었습니다.

사람들은 가끔 민원의 날에 해결되는 민원이 얼마나 되느냐고 묻습니다. 이런 질문을 받을 때마다 저는 마음속으로 제 자신에게 되묻습니다.

'여기 오기 전 저분들은 그런 억울한 사연을 털어놓고 얘기해본 적이 있었을까? 저분들에게는 얼마나 해결되었는지가 중요하지 않을지도 모른다.'

민원의 날에 찾아오시는 분은 국회의원과 구의원이 절실하게 필요하십니다. 국회의원 만나서 가슴에 있는 이야기를 하고 구의원 만나서 응어리진 것 풀고……. 그래서 국회의원, 구의원 뽑아놓은 것 아닙니까? 저는 그게 좋습니다. 주민들 말씀을 들을 수 있는 기회가 있는 민원의 날이 없었으면 어디 가서 '동네 경식이'가 주민들 가슴 속 얘기를 듣겠습니까?

민원 결과를 말씀드리러 민원을 찾아갈 때, 그 결과가 좋든 나쁘든 저는 가슴이 뿌듯합니다. 밥값하고 있다는 생각이 들어서입니다. 그분들이 국회의원을 만들었고, 그래서 저 '동네 경식이'가 있기 때문입니다. 민원인들은 저의 부모와 같습니다.

'동네 경식이'는 생각합니다. 회사의 자산은 '상품'에 있지만 우리의 자산은 바로 '민원인'에 있다고요.

나는 신월동 비서관이다

 김용태의원실 비서관 강명구의 얘기

수많은 민원인들 틈에 초로의 노인이 순서를 기다리고 있다. 창이 반듯한 모자를 쓴 노인은 표정이 굳어 있다. 다른 민원인과의 상담이 끝난 김 의원이 노인이 앉아 있는 테이블로 이동한다. 의원이 반갑게 인사를 건네지만 얼굴이 펴지질 않는다. 노인은 월남전 참전용사다.

"전쟁 나갔다 왔다고 무조건 혜택을 달라는 것은 아니야. 하지만 나라가 이 정도 먹고살게 되었으면 그때 목숨 걸고 싸워 돈 벌어왔던 사람들에게 어느 정도 대우는 해줘야 맞지 않은가 말이지. 손자들한테 과자 값이라도 줄 수 있게 해줘야 맞지 않으냐 말이지."

김 의원은 이미 국회가 방안을 다 짜놓았다, 그런데 정작 참전 단체끼리 싸워 돈을 못 드리고 있다고 설명했다. 참전 전우들이 가입한 참전 단체를, 수익 사업을 할 수 있는 공법 단체로 인정해주어 회원들에게 수익을 배분할 수 있게 법을 개정했다는 것이다. 법상 공법 단체는 한 개밖에 인정할 수 없는데 여러 참전 단체가 자신이 공법 단체가 되어야 한다며 고소고발전이 벌어져 그 어느 단체에도 혜택을 못 주고 있다고 한다.

한참을 설명을 들은 노인은 고개를 끄떡이며 말씀하신다.

"그렇다고 해서, 이거 어디 체신이 서야 말이지. 손자들한테 과자 값이라도 줄 수 있게 해줘야 맞지 않은가 말이지."

똑같은 얘기가 이제부터 반복될 모양이다. 어떤 설명을 해도 그분이 듣고 싶은 대답은 정해져 있다. 참으로 난감한 상황이다. 이때 김 의원이 기지를 발휘한다.

"어이, 강명구 비서관, 우리 보훈 배지 어디 있누?"

허둥지둥 보훈 배지를 찾는다. 그런데 남아 있는 게 없다. 김 의원은 순간 옆 자리에 앉아 있던 김영주 구의원 양복 깃에서 보훈 배지를 떼어낸다.

"김 의원님, 그걸 왜 의원님이 다서? 진짜 참전 용사가 달아야지. 양보하세요."

그러고는 그 배지를 노인의 옷에 손수 달아 드린다. 그저 작은 배지다. 하지만 노인의 얼굴엔 곧 웃음이 퍼졌다. 조금 전까지 국가 유공자에 대한 지원을 요구하며, 불만 가득한 표정을 짓고 있던 노인은 사라지고 없다.

"우리 같이 기념사진 한 장 찍으시죠……. 강 비서관, 폼 나게 멋지게 찍어서 우리 참전 용사에게 드리라구."

　김 의원과 나란히 포즈를 잡으면서 모자를 벗어야 하는 것 아니냐며 멋쩍어한다. 즉석 사진 위에 의원 사인까지 곁들여 노인에게 건넨다. 노인은 연신 감사하다는 인사를 남기고 문을 나서신다.

　민원의 날 목적은 당연히 민원 해결에 있다. 그러나 해결 여부보다 더 중요한 게 있다. 사연 많은 우리네 주민들과 만남의 기회가 늘어나고 그분들의 진솔한 얘기를 통해 의정 활동의 방향이 새로 잡힌다.

　국회 사무실이나 지역 사무소 직원 모두 둘째, 넷째 토요일 아침에 출근한다. 열외는 없다. 아침 9시부터 저녁 7시까지 주민들과 행복한 데이트를 한다.

　오늘도 난 신월동으로 출근한다. 난 신월동 비서관이다.

노처녀별곡(別曲)

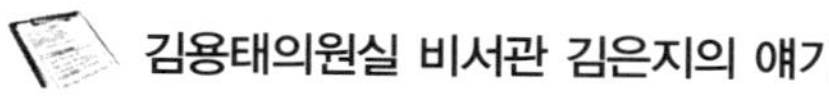
김용태의원실 비서관 김은지의 얘기

김 의원은 연초에 직원들에게 장문의 문자를 보내셨다. 올해 우리 의원실 목표를 평소 성격대로 꼼꼼히 제시한 것이었다. 읽다가 마지막 부분에서 기겁을 했다. '김 비서관 시집 보내기'가 포함돼 있는 것이었다!

나에게는 한 가지 비밀이 있다. 여기서만 공개하겠다. 사실, 자꾸 결혼하자고 청혼하는 자가 있다. 나는 너무너무 싫은데…… 아주 징글징글하다.

주중에도, 주말에도 만난다. 물론 주일은 쉰다. 뜨겁게 만날수록 체력이 바닥나서 내가 운동부족이란 걸 새삼 일깨워주고, 게다가 날 먹여주고 입혀주니 고마운 존재이긴 하다. 하지만 결혼은 싫다! 그런데 내 발목을 자꾸 붙잡는다. 이 자가 누구냐…… 다름 아닌 '일'이다.

내 주변엔 '일'과 결혼한 사람이 꽤 많다. 난 그렇게 살지 않겠다고 결심했으나, 작년 여름부터 주말에 데이트나 소개팅 대신 동네 주민들과의 만남을 가지고 있다.

토요일마다 열리는 민원의 날. 평일보다 더 고되다. 민원인께 지역의 장학프로그램 관련 상담도 해드리고, 청원서 쓰는 것도 도와드리고, 늘 스마일 모드로 90도 인사하는 건 좋은데, 서서 하루 종일 찻잔·접시 설거지 및 서빙을 하고 저녁 때 지역 사무소 문을 닫고 나서면, 약속이고 데이트고 만사가 귀찮아진다.

그래서 솔직히 민원의 날을 한 달에 한 번만 하면 딱 좋겠다는 생각도 했다. 그런데도 민원의 날에 자꾸 애정이 간다. 이런 걸 애증이라고 하나.

손자 손녀 데리고 억척스럽게 살아가시는 할머니의 손을 잡고 건물 1층까지 모셔다 드렸더니, 내 손을 잡고 눈물을 흘리신다. 살뜰하게 챙겨줘 고맙다고.

부모님을 일찍 여읜 최연소 민원인이었던 학생이, 밝은 목소리로 내 휴대폰으로 전화를 건다. 고등학교를 졸업하고 웨딩플래너 학과에 진학했는데 MT 때 쓸 버스를 좀 싸게 구해달란다.

중3짜리 아들과 단둘이 어렵게 사시는 아주머니는, 의원님이 좋아서 지역 사무소 건물 청소부 자리가 나면 당신에게 얘기해 달란다. 거기서 일하며 우리 의원실 사람들을 자주 보고 싶다고.

이분들을 만나면 항상 감사하는 마음이 생긴다. 우리 마음을 알아주시는 것도 감사, 어려울 때 우릴 찾아주시는 것도 감사, 그리고 내가 그분들을 도와드릴 수 있는 곳에서 일할 수 있음에도 감사…….

능력이 없어서 아직 솔로인 걸, 민원의 날 때문이라고 비겁하게 변명하고 싶진 않다. 하지만 올해 우리 의원실 목표 100% 달성의 걸림돌이 김 비서관이라고 말씀하시는 우리 의원님께 민원 하나를 접수시키고 싶다.

만능 민원 해결사 우리 의원님, 주말에 민원의 날도 하고 데이트하면서도 피곤치 않아 피부 트러블 없는 미인 돼서 시집 잘 가는 매뉴얼 좀 만들어주세요!

"남친 만들기도 어려운데 약혼이라니요?"

 김용태의원실 비서 김은혜의 얘기

<table>
<tr><td colspan="7" align="center"><h2>민 원 신 청 서</h2></td></tr>
<tr><td>접수일</td><td>2011.08.17</td><td>민원번호</td><td>110817</td><td>담 당 자</td><td colspan="2">김용태</td></tr>
<tr><td colspan="7" align="center">민 원 인</td></tr>
<tr><td>이름</td><td colspan="3">김은혜</td><td>전화번호</td><td colspan="2">02-784-5076</td></tr>
<tr><td>주소</td><td colspan="3">서울 영등포구 여의도동
국회 의원회관 338호</td><td>생년월일</td><td colspan="2">12/5
(생년은 비밀!)</td></tr>
<tr><td colspan="7" align="center">
김용태 의원님께 민원 신청합니다.

매월 둘째, 넷째 토요일!

저희 직원들은 평소보다 일찍 지역 사무실로 출근합니다. 민원의 날

오실 손님들 맞을 준비에 열심입니다. 책상도 재배열하고, 맛있는 떡
</td></tr>
</table>

과 과일도 준비합니다.

8시 30분 땡! 하면, 온갖 사연들로 중무장한 민원인들이 구름처럼 몰려옵니다. 민원인 신청서류 작성 도우랴, 상담하면서 드시라고 떡과 음료 갖다드리랴 하다 보면 어느덧 점심시간입니다.

점심도 저희 직원끼리 함께하지 못합니다. 1조, 2조 나누어 허겁지겁 30분 내로 사무실로 돌아옵니다. 벌써 상담하러 온 민원인들이 기다리고 계십니다. 다시 손님 맞기에 정신이 없습니다.

이렇게 토요일을 보낸 지도 1년 반이 다 되어갑니다. 작년 첫 회 민원의 날, 집에 완전 녹초가 되어 들어갔던 기억이 생생합니다. 몸은 힘들었지만 마음은 뿌듯했던 기억도 생생합니다.

가끔 다른 의원실에서 민원의 날을 벤치마킹하겠다며 찾아옵니다. 그때마다 '우리처럼 할 수 있겠어? 라며 괜히 어깨가 으쓱해지기도 합니다.

토요일, 다른 친구들 놀러가고 데이트할 때 저희는 민원인과 데이트합니다. 점점 피부가 거칠어지고, 여드름이 나고 있습니다. 그러나 힘들다고 투정할 수 없습니다. 우리의 작은 노력에 민원인들이 정말 감사하다며 활짝 웃거나 눈물 흘리며 돌아가시는 모습을 볼 때면 괜한 투정을 부린 것은 아닌지 후회됩니다.

의원님이 지친 내색 없이 때론 점심도 거른 채 그 많은 사람을 상담하는 것을 보면 불평할 엄두가 안 납니다. 더 열심히 해야겠다는 생각에 마음을 다잡곤 합니다.

매번 민원을 접수하기만 했는데, 전 오늘 민원을 신청하려고 합니다.

의원님은 저보고 올해 약혼하고 내년에 결혼하라십니다. 아니, 남친 만들기도 어려운데 약혼이라니요?! 의원님의 끝도 없는 욕심을 줄여 주십사 하는 것이 저의 작은 민원입니다.

의원님의 민원 해결 문자 혹은 서신 기다리겠습니다. ·ㅁ·

그리고 저희 더욱더 열심히 악착같이 하겠습니다!

'아침형 처녀' 만드는 비법

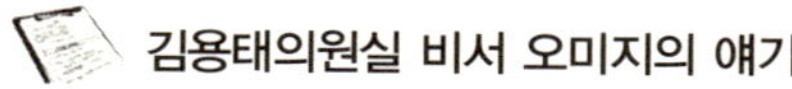 김용태의원실 비서 오미지의 얘기

저는 이제 막 한창 피어날 꽃다운 나이의 대한민국 대표 처녀입니다. 피부를 위해서 잠도 많이 자야 하구요, 음식도 가려 먹어 날씬한 몸매를 유지해야 하구요, 뭐니 뭐니 해도 세계 유행 패션과 젊은이들의 트렌드를 놓치지 않기 위해 끊임없이 정보를 수집해야 할 때랍니다.

근데, 민원의 날이라고요? 아니 그것도 토요일 하루 종일 한다고요?

전 처음에 의원님이 지방선거 지고 나서 더위를 잡수셨나 했습니다. 게다가 전 국회 의원회관에서 근무하다 지역사무소 은혜 언니랑 근무교대를 했던 참이었거든요.

구의원님들이랑 사무국장님, 조직국장님, 보좌관 오라버니들 모두 걱정이 태산 같았습니다. "뭐, 얼마 가겠나? 간간이 들어오는 민원 하나 해결하는 것도 얼마나 어려운데, 아예 대놓고 민원을 받겠

295

다고? 그냥 흐지부지 되어서 욕만 얻어먹게 생겼다니까."

어찌되었건, 작년 한여름 날 진짜로 민원의 날을 하게 되었습니다. 지역사무소 외벽에 현수막을 붙이고, 당원들에게 민원의 날 안내 문자를 보냈습니다. 찾아오실 손님 접대를 위해 떡과 음료를 준비했습니다. 사람들이 안 오면 어찌하나 살짝 걱정도 되었는데, 어머나 이게 웬 일입니까? 정말 구름처럼 사람들이 모여 들었습니다. 하루가 어떻게 갔는지 몰랐습니다.

정말 갖가지 사연을 안고서 민원인들이 들이닥치더라고요. 사무실은 하루 종일 북새통이 됩니다. 저는 민원 서류를 요약하여 데이터베이스에 입력합니다. 그때그때 처리하지 않으면 대책이 안 섭니다. 이렇게 제 토요일을 빼앗아 간 민원의 날이 시작된 지도 1년 반이 되어갑니다. 이제 저도 선수가 되었답니다. 회의장 안에서 울고 고함지르고 상담을 마치고 나온 민원인들의 표정을 보면 일이 제대로 풀렸는지 금방 짐작이 갑니다. 아마 이러한 사람 보는 눈이 나중에 제 서방님을 고를 때 도움이 되지 않을까요?

지금도 다른 의원실에서 민원의 날 하겠다고 배우러 온답니다. 그러나 대개는 몇 시간 지켜보다 고개를 설레설레 저으면서 돌아갑니다. 그걸 보면 남들 못 하는 걸 우리가 해냈다는 생각에 괜히 우쭐하기도, 또 지금껏 고생해온 것이 헛되지 않았다는 생각에 뿌듯하기도 합니다.

전 금요일 밤에 제 또래 친구들보다 훨씬 일찍 잠자리에 듭니다. 피부 미용을 위해서가 아니라 순전히 민원의 날 때문이지요. 꽃다운

청춘의 금요일 밤을 이렇게 보내도 되나 솔직히 서운할 때도 있지만, 덕분에 다른 친구들과는 전혀 다른 '건강한 아침형 처녀'가 되었답니다.

그리고 우리 의원님이 책임지시겠지요.

"미지야, 네가 너 결혼할 때는 주례 꼭 선다. 그리고 정치하는 인간 애인으로 데려왔다간 당장 내쫓는다. 알았지?"

저도 뭐 정치하는 사람 썩 맘에 드는 것은 아니지만, 이렇게 민원의 날을 하는 우리 식구들을 보면 꼭 그런 것만은 아니지 않을까 생각해봅니다.

야, 이런 동네도 다 있구나!

● 인턴 김만희(인디애나대학교 경제학과 4학년)

2009년 더위가 기승을 부리던 한여름 낮, 오웬이란 옆 방 친구가 슬슬 웃음을 흘리면서 자기 방으로 와보란다.

"Man Hee, check this out."

유튜브 사이트다. 영국 BBC 뉴스 동영상이 흘러나오고 있었다. 수많은 사람들이 뒤엉켜 소리 지르며 싸우고 있었다. 한국 국회의 모습이었다.

"야, 한국 정치인들 태권도 잘 하는걸. 태권도 몇 단이나 될까?"

박장대소하는 오웬과 함께 나도 웃었지만, 어디 쥐구멍에라도 숨고 싶은 심정이었다. 골탕 먹이려는 친구에게 내가 할 수 있었던 일은 싸우거나 도망가는 거였다. 난 도망갔다.

2011년 여름, 김용태 국회의원실에서 인턴 일을 시작했다. 보좌관이 다짜고짜 지역 사무소로 가란다. 매달 둘째 · 넷째 토요일에는

‘민원의 날’이라는 것을 하니 거기 가서 이것저것 도우라는 것이다. 국회서 폼 나게 복사하고 서류 볼 줄 알았더니 그게 아니었다.

민원의 날이 시작되었다. 아침 8시 반부터 사무실 직원들이 바쁘게 움직인다. 책상 세팅을 하고, 음료수와 주전부리를 준비한다. 나에게 주어진 일은 민원인이 오시면 민원 카드 작성을 도와주는 단순한 것이었다.

더러 즐겁게 얘기하는 사람도 있지만, 심각한 표정을 짓거나 아예 울상이 되어버린 사람들이 대부분이다. 엘리베이터가 없는 3층에 사무실이 있건만 몸 불편한 사람도 많이 찾아온다. 한국 생활에 익숙지 않은 내가 보기에도 형편이 어려운 사람들이다. 한나라당은 부자 정당이라고들 하는데 아닌가 보다.

김용태 의원이 자주 하는 말이 있다. 우리 동네 힘들고 가난한 사람들이 살지만 국회의원이 주민들 ‘빽’이 되어주자. 민원의 날은 국회의원이 주민들의 빽이 되어주는 그런 광장이었다.

난 국회 인턴하기 전까지 정치에는 완전히 무관심한 경제학도였다. 인도네시아에서 중·고등학교를 나와 미국에서 대학을 다니던 터라 그저 미국 정치나 조금 알 뿐이었다. 작은 정부 큰 정부, 낙태, 소수민족 정책, 세금, 동성연애자와 같은 문제에서 공화당과 민주당이 대립하고 경쟁한다는 것 정도였다.

정작 한국 정치에 대해서는 역대 대통령 이름 정도나 알고 있었다. 국회의원들은 늘 싸움이나 하는 사람들인 줄 알았다. 하지만 김용태 의원실에서 일한 두 달간 정치에 대한 생각이 많이 바뀌었다. 김용태 의원을 국회의원인 줄 모르고 밖에서 만나면 그저 평범한 샐러리맨에 사람 좋은 아저씨로 알 것이다. 김 의원은 국회 일 말고도 나에게 이런저런 세상 경험 얘기를 많이 해주었다. 한국 실정을 잘 모르는 내 입장에서는 피가 되고 살이 되는 얘기였다.

국회 사무실과 지역 사무소 직원들도 대단하다. 그 많은 민원인들을 일일이 응대하면서 늘 웃는 얼굴로 대하는 모습은 내 눈에는 경이롭게까지 보였다. 비 오면 동네가 침수될까 봐 사무실에 야전침대를 놓고 밤을 새는 보좌관들. 점잖은 체면에 김장 행사에서 앞치마 두르고 김치를 담그는 사무국장, 조직국장.

사무실 직원 생일이라고 미역국과 전을 싸오신 아주머니. 더운 여름날 에어컨 바람 쐬고 시원한 음료수 드시러 오신 할머니. 일흔 연세에도 건강 하나는 자신 있다며 젊은 직원과 팔씨름하러 오신 할아버지. 민원의 날에 감사했다고 인절미를 해 오신 민원인. 김용태 의원 지역 사무소는 늘 사람들로 북적거린다.

짧은 두 달간의 생활이었지만, 공익을 위한 봉사(public service)가 무엇인지 어느 정도 배운 듯하다. 비가 그렇게도 많이 온 여름이었지만, 나의 대학 4학년 여름방학은 시원했다.

무식(?)하기 짝이 없는 민원의 날

● 인턴 황지은(연세대학교 정치외교학과 2학년)

평소 정치에 관심이 많았던 터라 언젠가 인턴 생활을 할 기회가 생긴다면, 반드시 그 장소는 '국회'이길 바랐다.

남들보다 조금 이른 감은 있지만, 지금이 아니면 영영 못 할 것 같다는 생각이 들었다. 무턱대고 우리 지역 국회의원 사무실에 인턴 자리를 원하는 이메일을 보냈다. 사실 밑져야 본전이었다. 답장이 오지 않는다 해도 손해 볼 것은 없다고 생각했다.

큰 기대는 하지 않았는데 의원실 비서에게 반가운 전화를 받았다. 의원님이 직접 한번 봤으면 한단다. 마침 그 주 토요일에 '민원의 날' 행사가 있다고 해서 그때 찾아가기로 했다.

약속 시간에 맞춰 지역 사무실을 방문했다. 기대 이상이었다. 국회의원이 얼굴만 살짝 비추는 '생색내기용' 행사인 줄 알았는데, 그게 아니었다. 찾아오는 사람들도 얼마 없을 것이라는 나의 무지한

편견은 보기 좋게 깨졌다. 정말 발디딜 틈이 없을 만큼 수많은 사람들이 각기 다른 사연을 가지고 직접 사무실로 찾아오셨다.

더욱 놀라운 것은 김 의원이 직접 테이블에 앉아 민원인 한 분 한 분의 사연을 직접 듣고 있는 것이었다. 오전 9시부터 오후 7시까지 쉴 틈 없이 사람들의 고민을 듣고 있었다.

김 의원은 내게 테이블을 옮겨 다니며 무슨 사연이 있는지 들어보라고 하였다. 그다지 달가운 상황은 아니었지만, 무슨 억울한 사연이 있기에 이른 아침부터 이렇게 많이들 찾아오신 건지 궁금해서 가장 가까운 테이블로 갔다.

처음 닥친 상황이 너무나 어색하고 불편해서 쭈뼛거리고 있는 내게, 비서관이 선뜻 옆자리에 앉으라고 하였다. 어떤 아주머니가 이웃 주민과의 불화를 토로하고 계셨다. 내가 듣기에는 아주머니께서 말도 안 되는 억지를 부리시는 것 같았다. 그러나 비서관은 최대한 아주머니의 의견을 수용하며 문제를 해결해드리려고 했다.

그다음으로 김 의원이 앉아 있는 테이블로 가보았다. 한 아주머니가 서럽게 울고 계셨다. 방과 후 귀가하던 딸을 뺑소니 사고로 잃은 분이셨다. 재판을 하려고 하는데 상대방은 돈 많고 힘 있는 사람이란다. 그래서 억울하게 질 것 같으니 좀 도와달라고 찾아오신 듯했다. 너무나 안타까운 사연에, 옆에서 듣고 있던 내 눈시울까지 붉어졌다. 김 의원은 반드시 공정한 재판이 이루어질 수 있도록 방법을 강구해보겠다고 약속했다.

국회의원은 '권위적' 일 것이라는 편견을 가지고 있었다. 그러나 김 의원은 우월한 위치에서 주민들에게 도움을 '제공' 하는 것이 아니라, 동등한 눈높이에서 함께 아파하고 함께 고민했다. 말도 안 되는 일을 해결해놓으라며 고집을 피우는 분들의 의견도 무시하지 않고 귀담아 듣는 모습이 인상적이었다.

이 책은 김 의원이 지난해부터 한 달에 두 번 둘째, 넷째 토요일에 실시한 '민원의 날' 행사 때 겪은 일을 바탕으로 쓴 책이다. 읽다 보면 세상에 별의별 일이 다 있다는 생각이 절로 든다. 아마도 '국회의원'이라는 직업에 가지고 있던 선입견이 많이 사라질 것이라 믿어 의심치 않는다.

자신의 의견을 관철시키기 위해 몸싸움도 마다지 않는 '무식한' 국회의원이 아니라, 지역 주민들을 위해 열심히 일하는 진정한 '국회의원'을 만나게 될 것이다. 짧은 기간이었지만 국회와 지역 사무실을 오가며 인턴의 눈으로 바라본 초선 국회의원 사무실의 모습이 이 책에 잘 담겨져 있다.

김용태 리포트 2

팔도강산 사거리

초판 1쇄 | 2011년 9월 14일

지은이 | 김용태

발행인 | 김우석

펴낸 곳 | 중앙북스(주)
등록 | 2007년 2월 13일 제2-4561호
주소 | 서울특별시 중구 순화동 2-6번지(100-732)
구입문의 | 1588-0950
내용문의 | 02-2000-6147
팩스 | 02-2000-6120
홈페이지 | www.joongangbooks.co.kr

ⓒ 김용태, 2011
ISBN 978-89-278-0256-3

값 12,000원

직원 단체사진